我们改天再分手

萱小蕾　著

U1014109

中国社会出版社

图书在版编目(CIP)数据

我们改天再分手／萱小蕾著. --北京：中国社会出版社，2015. 1
ISBN 978-7-5087-4939-6

Ⅰ. ①我… Ⅱ. ①萱… Ⅲ. ①爱情—通俗读物
Ⅳ. ①C913. 1-49

中国版本图书馆 CIP 数据核字（2014）第 312367 号

书　　名：我们改天再分手
著　　者：萱小蕾

出 版 人：浦善新
终 审 人：李　浩　　**责任校对：**张杰利
责任编辑：王晓翔　　**助理编辑：**赵津莹

出版发行：中国社会出版社　　邮政编码：100032
通联方法：北京市西城区二龙路甲 33 号
电　　话：编辑部：（010）58124852
邮购部：（010）58124845
销售部：（010）58124848
传　真：（010）58124856
网　　址：www. shcbs. com. cn
经　　销：各地新华书店

中国社会出版社天猫旗舰店

印刷装订：中国电影出版社印刷厂
开　　本：155mm×225mm　1/16
印　　张：16. 5
字　　数：197 千字
版　　次：2015 年 8 月第 1 版
印　　次：2015 年 8 月第 1 次印刷
定　　价：25. 00 元

中国社会出版社微信公众号

目　录

爱情没有规律，若按那些爱情指导手册去爱，一定多是事与愿违。很多时候，我们看到的不是真相，听到的也不是真相，就连以为爱着可能也是幻象。那么换一种角度、换一种思维、换一种方式去看待爱情，它会随着我们的心境变化成各种样子。它可以另类，可以无常，可以出乎意料，可以千变万化。这一切，像是透过彩色玻璃看天空。玻璃的颜色决定了天空的颜色。而你心里的爱情是什么样子的，你就会看到什么样子的爱情。

这世间，无论你多优秀或多差劲儿，都会有人不爱你。在爱情里，我们常常是有心无力。他不爱你，你拼了命为对方挡刀剑也没用。当然，他也有可能假装爱你。但无论怎样，在我们还未相爱之前，擦亮自己的眼睛，不要欺骗自己的心。若对方爱得无杂念，爱得真切，就去爱。若他不爱，也不要怨愤。他不爱你，不是你的错，也不是他的错。只是，你们的磁场不同，不会恰好相爱罢了。

爱情有时就像一场酒宴，那想与对方拼却的一醉，常常只有你一个人醉。可能你太豪爽，你太实诚，你太体贴太为对方着想。总之，当你用尽全力去饮了这杯爱情的酒，然后醉得一塌糊涂。可对方呢，却抱着双臂清醒地看你表演。第二天，醒来的你得到的，是一场生不如死的独自宿醉。

分手后，还想见他吗？还四处打探他的消息吗？还相信像他说的那样可以做朋友吗？不要那样了吧。告别一个爱人，就不用再见了，他也应该与你再无瓜葛有新的生活了。不要活在昨天的太阳里，因为你今天洗的衣服，要今天或明天的太阳来晒干。那么跟他说再见，再见后，便是再也不见！

Part 1：你为什么不变心

爱情没有规律，若按那些爱情指导手册去爱，一定多是事与愿违。很多时候，我们看到的不是真相，听到的也不是真相，就连以为爱着可能也是幻象。那么换一种角度、换一种思维、换一种方式去看待爱情，它会随着我们的心境变化成各种样子。它可以另类，可以无常，可以出乎意料，可以千变万化。这一切，像是透过彩色玻璃看天空。玻璃的颜色决定了天空的颜色。而你心里的爱情是什么样子的，你就会看到什么样子的爱情。

你为什么不变心

A君帅气英俊，有无数女孩以各种方式示好。但他从小看父亲对母亲薄情寡义，决意一生只得一人心，白首不分离。

百般抵御那些诱惑，最终遇到他想要共度一生的人。从此一心一意，视她之外的女性如透明。女人自觉幸福幸运，彼此山盟海誓，难得浮世情深。可三年五载浓情蜜意过去，琐碎生活渐露棱角，女人倒先是倦了。无奈身边人仍然情深义重，她不能先做负心人。

而越是压抑克制，那些心思越若火苗般渐渐旺起来。终究女人心另有所属，不见得有他帅气，不见得有他成功，却就是喜欢，越是喜欢，越觉得跟旧人只是因为他给了她安全感。但变心的人，不会在乎安全感。

生活表面风平浪静，两人相敬如宾，女人私下却夜夜辗转难眠。万万是不能先提出分手的，那样对他太不公平。但若他有了二心，爱上别人，是不是就真的正合心意呢?

于是当A君还在对身边朋友的出轨风流嗤之以鼻、在为自己的专情而自豪时，却不知自己的女人早在盼着他变心了。

C女，初开若花般年纪时，就在父母安排下早早结婚。都是彼此的第一任，从身体到心，似乎都相当的融洽。虽然生活清苦不堪，C女却从不言弃，陪他吃尽苦头，发誓要相濡以沫、白头偕老。

慢慢地，看见了生活的曙光。有了房子，虽仍在还房贷；有了儿女，虽然有时也不太乖。他的工作虽在异地，但升了不错的职位，涨了相应的薪水。她觉得苦尽甘来，想着自己没有嫁错人。为此还怒斥为了金钱抛弃穷男友的闺蜜或女友，提醒做女人，要像自己一般，守得住寂寞，耐得住辛苦。这样才能得那一人心，因为感激，所以相爱。

但事实并非如此，男人在异地，早遇到心灵相通的爱人，彼此无须同甘共苦。但男人是有责任感的，虽然变心，却知道自己要对妻儿有担当。心态却是有了变化，曾因长年在外担心家中娇妻会因寂寞而半掩门扉，如今却常常拖延回家的时间，为的是希望她守不住寂寞而变心。

看看身边婚外情、第三者，似乎所有人都在幻想“愿得一心人，白首不相离”。可是当你努力把心留给一人时，那人却有可能在焦虑：你为什么不变心……

安享惦记

她是大龄剩女，情路一直不顺，虽不乏追求者，却因性格不合又极不愿妥协和将就而频频错过或放弃。

多年后，过尽千帆的她仍然孤身一人。同学朋友几乎都已结婚生子，成家立业。但凡旧熟人见到她时，都惊讶于她仍然没什么变化。年纪不小，但风貌仍存；历经沧桑，眼神却还清澈。

如此般光景，又仍旧单身，那些从前的追求者心里，还是会掀起一些波澜的。

有位异性旧友夜半醉了酒，打来电话跟她说，我一直想给你介绍对象，怕你一个人孤单凄凉，可又总是怕自己嫉妒。但转念一想，你还是早点儿嫁了吧，免得我一直惦记。

那旧友曾是喜欢过她的人，也是因她受过伤害的人。如今已有贤妻在身边，却还在酒后说出这样的话，想必也是需要勇气的。她无辜地捂着听筒，一时不知说什么好。心里起起伏伏的，有很多内疚。好像人家现在的那份隐秘伤感都是自己造成的，又似乎让人如此惦记也是她的错。

刚平复不久，再次巧遇中学同学。多年不见，彼此感叹时光走了这么远，可站在面前的人，感觉还像上学时一样亲。那同学袒露心声说，上学时我就很喜欢你，可你总是不理我。

她惊讶道，我没理你吗？可我不知道你喜欢我的。

他说，自己太普通，所以只好暗恋。只记得周末总是在你要来学校的路上等，为了早一点儿看到你，假装在那路上看书或玩耍，掩饰慌张和激动。后来看你有了喜欢的人，只好藏起那份贪心、痴心，如此悄悄惦记许多年。

听完她有些感动，心里又涌上不少内疚。喜欢一个人是没错的，可自己那时没有理会喜欢自己的人，是因为目光只放在另一个人身上。爱情里，总是会有人失落、有人风光，有人喜悦、有人伤心。但眼前这人，说出了自己的伤心难过，她不免又有些自责。

告别后，那同学便每天给她发信息嘘寒问暖，关怀备至。她知道他也已有妻儿，便很被动地回应。有时怕让他难过，左右为难。于是怯怯地对他说，别惦记我，不要耽误和浪费你的时间……

他说，没关系，我惦记了你这么多年。你不理我也可以，也不用觉得不安，我不想自己的关心变成你的负担。

她悄然落下泪来，心里一阵温暖平和。想来，自己是不需要内疚才对，因为爱情，总会有人悲伤。那些无法拥有你的人，有权选择悄悄惦记，也有权选择慢慢将你遗忘。你无法安慰和成全每个爱你的人，那不是你的错。因为你最终，只能选择放一个爱的人在心上。

失爱的牙齿

你有没有喜欢一个人时，他什么都好，可是你却因为他的一点儿缺憾或一些无关紧要的事放弃了这个人。你知道这有可能是一生的错失，有可能与真爱或幸福失之交臂，可是面对他那一点儿缺憾时，你怎么也无法过关。

后来，你也许就慢慢把这件事忘记了。但是，那个非常想爱你想照顾你一辈子的人，却会一直觉得很伤心。你的不肯接受，在他看来，是你一点儿都不喜欢他。他在不能拥有你的同时，还承受着被否定自我价值的失落。

但是，他不知道你是因为他那一点儿小缺憾而不要他的，若他知道了，一定会更加失落。

A 男正直善良，聪明帅气。高中时，他学习成绩好，待人热情，值得信任并积极向上。

于是，有很多女生喜欢他。但 A 男情有独钟的那个女生似乎对他没有丝毫爱慕，所以 A 男只能暗恋她。假装要和她交流作业上的问题，假装某一样东西买多一份要分给她。在校园里无处不在地跟她“偶遇”，然后强作淡定地打招呼。

十分无聊又十分刺激的举动，有时他自己也嫌幼稚。

其实也说不清喜欢她什么，也不知到底该如何喜欢她。但想来想去，好像每天都十分想见她。想见她笑，听她说话，看着她的身影，就踏实欢喜了。

每个周五她回家，他便觉得度秒如年。周日总是早早起床，估算着她从家来学校的时间，跑去那座她必经的吊桥上等她，假装拿本书，或是假装拿个相机去拍风景。

不停地看时间，不停地看桥那头她的身影是否出现。心如小鹿一般“怦怦”乱撞，一点儿也没有平时应对其他女同学时的自然和气场。结果她从桥那头走过来路过他身边时，他心里想好的台词，一句也说不出来。倒是她，从容地问他，A 同学，要不要一起回学校啊?

自是求之不得，嘴里却说，我本来还想看会儿书的，脚步却急忙跟了过去……

时间久了，觉得她也并不讨厌自己，便忍不住想表白，暗恋实在太苦了。其实，几乎班里同学都看得出他喜欢她了。难道她不知道?

其实，她只是假装不知道。其实，她是真的不讨厌他，可是面对他的表白，她还是拒绝了，没有理由地拒绝了。

他郁郁寡欢，从此像变了个人一般。

多年后，他从她的好友那里得知，她不接受他的理由，是因为他的牙齿太黄了，她喜欢洁白整齐的牙齿，那样的笑容，才能打动她的心。得知这个时，他的牙齿早已经洗得洁白了。当年他牙黄，其实是因为家乡水质的原因。

而就因为这一点小缺憾，他失去了她的爱。其实，失爱的是他的牙齿，不是他这个人。

想来，这才是最冤枉的事。

爱情的到货时间

你在淘宝买东西时会问，今天能发货吗？客服一般会给一个确切的回答，今天或是明天发货。

但是若你再问，两天能到货吗？客服就不会再给你确切的回答了。他们会说：正常的话 3—5 天到货，但我们不敢保证具体到货时间哦，亲！

于是，到第 3 天的时候，你开始很期待，今天是卖家说会到货的时间呢。但是货没到。第 4 天货还是没有到，于是你耐着性子等到第 5 天。

结果，第 5 天你的货仍然没到。这下你生气了，责问客服，你们怎么这么不负责任呢？你们选的物流怎么这么慢呢？你们做生意太没诚信了！

客服只好解释，不好意思哦，亲，我说的是正常情况下 3—5 天到货，但现在你看不是天气不好嘛，各地受大雨影响，所以到货时间要延长的！我们只保证发货时间，不保证到货时间的！

于是，你再没话可以说了。

接着，你想到了你的爱情。

那个你心爱的人，平时也是这样对待你的。开始恋爱时，你问过他你们多久会结婚。他说给他 3—5 年时间。他需要先忙事业，需要买房子、买车子，需要赚钱为你买钻戒。

你等到第 3 年时，他说，我说过 3—5 年，不是还有两年嘛。

你等到第 5 年时，他说，唉，亲爱的，你看我这事业做得不见起色，只好再等等了。

你生气了，他见你这样，也不耐心解释讨好了。还理直气壮地说，我也只能保证恋爱开始的时间，但没办法保证具体的结婚时间！

原来，爱情和等淘宝到货一样，即使到了保证的期限，你的爱情也有可能得不到想要的结果，你买的货品也有可能无法按时送达。

你等了 3—5 年，他的事业还是没有起色，或压根儿就没想跟你结婚。你耗不起了，只好选择单方面自行退货，然后就近选个身边差不多的普通男人，只是因为他肯马上娶你。

后来你想来想去，减少在网上购物了。你讨厌那个不保证的到货时间，就像讨厌爱情里没人保证结局一般。你想要一样东西时，立刻上街走到那样东西面前去，马上就可以得到的心情，原来很好。因为这样，你就再也不用承受那种等待的焦虑和绝望了。

哭泣的熊娃娃

夜里跟闺蜜坐在床上聊天。见她左右摆弄手机心神不安的样子，像在等电话。

夜深了，还没等到电话响起。于是她忍不住自己打了过去，结果三言两语就在电话里吵了起来。吵着吵着，那边挂断了。闺蜜一时气结，呼地将手机扔了出去。

我阻拦不及，只好说，生他气也不要拿自己的财产出气啊。

她气愤地说，手机是他送的，扔了解恨！

好吧，此时也是砸不到那个人，便扔了那个人送的东西来泄愤。可等气消了之后，男友若再送手机，倒也罢了。若是不管，且又修不好，又或是自己一时手头紧张换不了新手机，剩下的就该是懊恼了。

这懊恼，当然是心疼那手机，毕竟那是他送的啊。既然是爱的人，哪怕是送一个针头线脑，也是珍贵的呢，怎么能就那样扔出去呢！当然，这都是事后的想法了。如此无辜的，不是那头不知情的男友，而是这边地上被摔碎摔痛的手机。

另一女友，也爱使小性子。男友一点儿不周到，她便是风风雨雨闹个不停。男友刚开始时还有耐心哄她，后来便也烦了，再有这样的烦事，就转身逃了。

女友气未消，便在家里找那些跟男友有关的东西发泄。比如在男友的照片相框上写字：笨蛋、小狗、二货等各种鄙视的词语都写一通。写了再擦，擦了再写。再不解气，就打开他送的音响，把音量开到最大，寻思那震动把音响唱破才解气。

折磨得最多的，是男友送的玩具熊娃娃。揪它鼻子，扯它耳朵。拿起来在床上砸，或是扔到地上再捡起，或是扔到天花板上掉下来。有时还得贴上男友的大头照，一边捶打折磨一边恶狠狠地叫骂男友的名字。

最终，那个熊娃娃被弄得不成样子，又脏又丑也变了形，她心里的火气才勉强平静下来。

第二天醒来，手机里，已收到男友的安慰和道歉的短信，并且有了今天的约会场地和时间。转头再看那地上的玩具熊，顿觉惊心。急忙下床抱起来拍去灰尘，抚摸玩具熊的手脚，实在不行还得拿去洗干净晾晒出去。

心里后悔又心疼地想，怎么能这么狠，这可是他送的呢！

而那不会表达不会说话的熊娃娃，则是最无辜的。这到底关了它什么事儿呢？

想必女人大多如此吧，无法怨恨那个让自己生气的恋人，只好把怨恨和怒火发泄到他送的东西上。不能亲手拿他解恨，那么就欺负一下跟他有关的东西吧。

情知所起

很多人大概都知道那句“情不知所起，一往而深……”。其实真的如此么？情所起时，你真的不知道为什么？

其实，情起时或许有原因，只是你不想承认。因为你觉得说出起因会让人觉得你的情不纯粹，爱有所图。所以，很多人在对一个人动情时，常常会说：我不知道喜欢你什么，如果能说出原因，也许就不是真正的喜欢了。

曾经，你是不是也信过那样的说辞，觉得是件很美妙的事。

事到如今，突然发现，情爱原来是有起因的。

只是那起因，有的是单纯的，有的是复杂的；有的是没心计的，有的是有心计的；有的图的是精神上的，有的图的是物质上的。当然，你的情所起，还有一个可能是因为对方的外表。

当然，这个外表也是有限定的。比如，你喜欢清秀的男子，她喜欢魁梧的男子；你喜欢碎发的男子，她喜欢平头的男子；你喜欢瘦脸的男子，她喜欢圆脸的男子。所以一千个人眼里，有一千个喜欢和她觉得帅气的标准。

那么你这个情的起因来自外表也并没有什么不对。你喜欢的，别人未必也喜欢。你觉得好看，尽管说，我对你的情起，就在于你的好看。比如，我喜欢你的眼睛，喜欢你的眉毛，喜欢你的表情，所以情便从这里起。

图了外表，接下来自然得图点儿内在的东西。

比如，你喜欢性格开朗的男子，她喜欢性格内敛的男子；你喜欢话多的，她喜欢沉默的；你喜欢气质型的，她喜欢健硕型的。再说才华，你可能喜欢那种爱文学懂诗词歌赋的，她却喜欢跳舞唱歌会玩儿的；你喜欢文艺青年，她也许喜欢运动健将……

再说男人，对一个女人动情，自然也是有原因、有所图的。比如，A 男喜欢娇小玲珑的女人，E 男喜欢妩媚妖冶的女人；A 男喜欢小家碧玉型的姑娘，E 男喜欢大家闺秀型的女孩。

总之萝卜白菜，各有所爱。而你那情起，便这样有了原因。因为对方说的话，因为对方的笑容，因为对方的长相，因为对方的人品。也有可能因为那人的钱包够厚、那人的车足够派头。

仔细想想，你的感观、心思、想法、所求，都会告诉你你的情从何而起。

而那所谓的情不知所起，大概是一些人觉得用喜欢某一个人的某一点来衡量一份情太轻薄。其实不然，这只是情起，后面的一往而深，才是重点。但情知所起后，是否都能一往而深，那就不一定了。

爱情盛产地

他问，你家乡是不是盛产核桃。

她说，有就是了，是不是盛产我也不确定。怎么才算盛产呢？

他说，我记得上大一的时候，班里有个女生家就是你那边的。放假回来时，她给我带了一大口袋核桃，说是自家种的。但是在我们这边，那东西很贵。

她问，你这么说，要分辨是不是盛产地，就看这东西在当地的价格跟别地的对比？哪里最便宜就说明哪里是原产盛产对不对？

他想想说，好像是这样。比如驰名中外的人参、鹿茸、林蛙油，在别处的价格可能是我们这里的四倍。再比如在我这里，十块钱就能买一根生晒参。

她笑着打趣，看来以后想吃什么、想买什么还得想办法从原产地去买。

这样的例子，是物以稀为贵。在你这里觉得十分好的东西，是因为你这里没有生产，便珍贵了、昂贵了。而这个东西在盛产它的地方，却因为太多而廉价。

那么有没有想过，爱情的盛产地呢。

如果一个人很爱你，怎么也打不跑，甩不掉。青梅竹马就要死心塌地跟着你一辈子。不嫌你穷、不嫌你不高大、不帅气、不幽默，就是无条件对你好。好到为你煮饭洗衣恨不得天天为你搓脚。而且你们两家是世交，想要结婚马上就可以。你们之间完全是康庄大道，想怎么样就怎么样。可这明明是很值得珍惜的事情，你却渐渐腻了、烦了、没有感觉了、不想要了。

这时，你认识了一个在远方的姑娘，你觉得她貌若天仙，明明她比你女友好看不了多少。你觉得她成熟睿智气质不俗，明明她只是因为年纪比你大了很多经历阅历多一些而已。你觉得你们若不在一起实在可惜，明明只是因为你们的关系会受到双方家人的阻拦，会受到距离的影响，会受到世俗的非议。可是正因为这些阻力，你倒觉得这个爱情很奢侈、很难得，于是想付出更大的代价去得到。

而你那从小一起长大的前女友，虽然一开始你觉得有爱很甜蜜，像吃核桃一样，很香很有营养价值，但时间一长，她给你的爱就像是盛产地，让你吃得厌烦。于是，你去了别的地方。

在那里，核桃的价格要比盛产地贵很多倍。你吃起来，觉得很奢侈。于是，每吃一个，你都会细细品味，不舍得乱扔乱放随便丢弃。后来，人们慢慢学会忽略自己身边盛产的爱情，舍近求远地去另一个地方花更大的价钱和精力品尝另一份昂贵的爱情。殊不知爱情的味道没有变，只是因为你吃得不容易，便以为味道不一样了。

来而不想往的情深

某男子很痴情，爱了一个女人很多年。无怨无悔感天动地还感动了自己，却就是感动不了那个重要的当事人。

见他如此情深，便不乏了解他的女子来追求，并且满心抱不平，这么好的男人现世哪里去找，那个女人凭什么不要。

可是，人家不要就是不要，你再情深，也是枉然。所以尽管此君坚持多年，最终也是见那人嫁与他人为妻，虽然婚后并非那么幸福，却也从不向他表露半点儿委屈或悔意。

想来便很黯然，就算深情到甘愿做替补备胎，人家也是不领情、不想要。没办法，爱情有时没法计算你用情多深，或是你有多少钱，有多帅气有才。不爱就是不爱，不要就是不要。

不要时，你的情深便是廉价的。所以最终，也不过是空来一场情深，萧条惨淡收场。此去的人生再如何爱下一个人？是否也能如此情深，估计也得打了折扣。因为感情，会被消耗得变少变弱，变得无法再那么浓烈、那么厚重。

再说一男性朋友，迟迟不见恋爱结婚。家人朋友各自焦虑忧愁，觉得他并不差，怎么一直找不到个合适的女朋友、成个家完个事呢。

他看上去倒也不急，被催得急了，有时也会跟朋友牢骚一下说，再逼我，我明天就娶个回家得了。朋友笑道，你哪来那么方便说娶就能娶回家的人？

面对此类鄙夷，他也一笑了之。第二天醒来，想想昨天说的必然是笑话，哪里可能守了这么多年对爱的执着就一下子付之东流。那样，也未免太累太不合算了。

为什么说不合算呢，因为只有他自己知道，说要娶就能娶回家的人还是有的。虽然他长相普通，工作普通，收入家庭都普通，但还是有那个对他一往情深的人存在。只是，人家不嫌他普通，他却是嫌人家太普通。

所以，爱情里遍地是这般东不成西不就和高低不一，无法均衡适宜。他不肯接受那份情深，是因为还怀着对爱情的憧憬，比如什么一眼心动，比如可以一生边走边谈，比如可以看穿他内心的人，比如灵魂伴侣、思想共振等如此种种高要求。

至于是不是外貌上也兼有要求才让他等得那么辛苦困难，就不得而知了。估计也是有这种成分的，因为那对他一往情深的姑娘，外表在他看来，实在有些拿不出手。

所以说，他承认自己也是虚荣世俗的，所以他接受自己还是孤身一人被人鄙视的这个事实。

但是说到底，就算宁愿被人鄙视，这类人也不接受那个对自己一往情深的人。他们宁愿被人以为他们没人要，找不到对象，也不回应那份暗地里的情深。

这样看来，现世其实不缺少一往情深，只是来而不想往的人很多。所以情深，大多也只是一个人的情深，无法像生活里那般来而不往非礼也一样。

问爱无门

他才思敏捷，帅气俊朗。却迟迟未有恋爱垂青，索性一心扑在学业上，毕业后不过几年光景，便小有成就。

但爱情之门，他仍然没有推开。常有朋友同事介绍来的女子，各种类型，无论美丑，都不过几面之缘，便再无音讯。他再联系对方，人家也常常只是礼貌回应，未见有继续下去的意思。

旁敲侧击问那些介绍姑娘来的朋友，自己是哪里不对，何故总不入姑娘们的眼。朋友得来的答案，也不过是人家对他没有感觉或是性格不对路，并非实际挑出他哪里有问题。

只好以无缘为由，一心继续强大自己的事业。钱包鼓了，房子车子有了，一个家该有的都有了，却还是没有爱人和爱情。

眼见成了大龄剩男，心下有些着急，于是频频相亲。想着自己要求不多，于是不问别的，只需知道对方是否贤良勤劳就成。三言两语里，只问会不会做饭？愿不愿洗衣？会不会照顾人……

姑娘们心直口快地便说，做不太好，或是做得少，有的也说分心情。若有说这些谁都会的，他便急忙追问，那你会做红烧肉吗？清蒸鳜鱼之类的呢？对方闻之要么不悦，要么礼貌地说，这个，不是全会，也不知是不是能让你满意。

如此种种，要么是女方很快离开，要么是他没得到想要的答案。三番五次下来，他倒委屈寻思自己要求不高啊，只要会做饭洗衣照顾家就行了嘛，难道现在这样的姑娘都去火星了吗？

百思不得其解，于是就跟网友们聊起这个问题。女网友们一听，马上集体鄙视他问话太直接。原来一直单身，是因为总问错问题。如此直接问姑娘是否会洗衣做饭带孩子，谁都会觉得你不过是要找个保姆回家。如此没有尊严和情分之说，估计谁听到，心里都有千万个白眼暗自飞过。心里会想你直接请钟点工得了，找老婆干吗？

就算那不鄙视这种要求的姑娘，也一样会有抵触心理。洗衣做饭不是难事，前提是我想跟你在一起。我喜欢你，我就愿意为你做。只要愿意，哪怕不会也会学会。但若不想跟你在一起，便不愿意为你做这些。或许，跟你再继续聊下去也不愿意了。

这般，便是问爱方式不对。你若真想知道对方是否会做饭洗衣，大可婉转地问，平时自己做饭还是外面吃？外面吃不卫生呢！如此一来，不就得知对方会不会做饭了。

此例也如总有女人爱问男人你爱不爱我一样。若爱，不说也爱。若想说爱，自然会说。你问了再说，还有何意义。爱这东西，大体还是可意会不可言传多一点儿。一份两性关系的开始也一样，问得太直接太多，便暴露你的索求。

看不到你先有付出的诚意，谁肯伸着脖子为你开这扇心门呢。所以你若想知道对方是否合你的意，要婉转有技巧地发问。哪怕你花钱请个侦探，也不要开门见山去追问你的所需。

我没有吃你家的饭

A说，公司新来一男同事，看样子很优秀。A一向是淡漠的女子，妆容淡雅，衣着简单，工作资历平平。但那男同事却挤开一堆胭脂红粉向她望过来，主动向她要了联系方式，为她买早点、倒咖啡，主动邀约，下班还到公交站请她搭顺风车。

这样的殷勤A自然也就接受了，坐在车里沉默自若的A，引得男同事频频侧目。然后便说，我觉得你与众不同，不是一般的女子。你骨子里透着些摄人心魄的东西，让人不由自主陷进去……

A笑，说，你想象得太文艺太美好了。

男同事只好闭嘴，但每一天的嘘寒问暖必不可少。直到A被稍稍打动，由着他牵了手，吻了唇。然后走进了彼此的生活。男同事的家里干净整齐，男同事的行事作风利落规律，性格理性，做事目标明确。

而男同事走进A的家时，看到的是茶几上散落的烟灰和没有洗净的烟缸，床上枕边散落的书本，衣柜里凌乱褪色的布衣牛仔裤。她的鞋架上，连双高跟鞋也没有。当男同事在A的床头柜上发现半瓶没喝完的红酒时，有点儿不愉快地说，我不喜欢酗酒抽烟的女子。我以为你是那种小清新类型的女子。

A推男同事出门，说，当初说我好，是你说的。我说过我没那么好，现在你说我不好，我也不接受，因为我没那么差。我就是我，你愿意了解或愿意懂得就继续。爱与不爱，你随意。

男同事站在门边发愣，在他看来，不化妆的A，清新自然，属于小家碧玉型。衣着简单，不奢华，肯定是会节俭持家的人。工作成绩一般，应该不是处事圆滑、八面玲珑的女子，而是家居型好掌控的那类。但当他看到A家里凌乱不堪，并且嗜烟酒时，才觉得A不是他想象中的那般清丽脱俗。

其实，A不化妆是因为对化妆品过敏，而且也算天生丽质，省了麻烦也好。衣着简单，只是因为每月赚的钱得寄回家补贴父母家用，给上大学的弟弟做生活费开支。工作资历平平是因为能力不过就这样，并非不想挤上排名榜拿大笔奖金。而关于抽烟喝酒，是她在这个没有亲人、朋友的城市里，用来自我安慰和缓解压力的方法。而凌乱的家，则是她下班后躲起来的一个巢，可以任意为之，随意放松休憩。

的确，她没有男同事想得那么好，但也没有他想得那么坏。

但自此以后，A 将她跟男同事的关系画上了休止符。因为男人总试图教育 A 改“邪”归“正”。他看不懂 A，而且如此武断下结论。这让 A 大失所望，于是 A 对男同事说的最后一句私话是：不管我有多坏多好，都没有吃你家的饭。

爱情捆绑销售

她说，我爱上一个男人。他气质儒雅，才华出众。我爱他的幽默风趣，出口成章。

于是，千方百计与他在一起了，才发现他的诸多生活怪癖。如脏袜子乱扔、不爱洗澡、不爱打扫之类的生活缺点一大堆。原来他在外面的风度翩翩、整洁干净都只是做样子的，走进他的生活看到他的另一面时才发现有那么多她不喜欢的地方。

但她又无奈地表示，已经爱上这个人了，只好接受那些她曾经不能接受的东西。

其实，她是一个在生活中有些洁癖的人。如此一来，便经常循循善诱地要求他讲究卫生。他心情好时，便表示这是小事，可以改正。心情不好时就说，反正不出去见人，干吗那么麻烦那么累……

尽管女人的改造计划并不成功，但他们还是结了婚。婚后，便经常上演催他洗澡之类的事情。平日里催他剪指甲，催他理发，催他勤换衣物。但是他总是一副死猪不怕开水烫的样子，她只好上演母亲的角色，亲自帮他剪指甲、挖耳屎、修鼻毛等。

每次朋友聚在一起时，便能听到她对大家诉苦。但大家都表示她不值得同情，因为对方并没有骗她结婚，那么她就算是自投罗网。她沉默一会儿说，其实，我也只是发一下牢骚而已。谁叫我先爱上了他这个人呢，所有对他的不满也只好都打包接受了。

其实她不知道，他也有如她这般的想法。他见她第一面时，两人相谈甚欢。他觉得她婉约动人、豁达开朗、不拘小节，便对她一见倾心。约会几次后，更是觉得彼此非常聊得来。

但是，当他走进她的生活，才发现她有洁癖，连根头发掉在地上，都要拾起来。尽管如此，他还是不舍得放弃，所以还是结了婚。

好在他们仍然是精神上的好伴侣，纵使生活中有不谐调和对彼此的不满，他们也先一并接受，然后再彼此慢慢磨合。他们都在努力改变生活上的习惯和缺点。

想来，这样的爱情也是一种业务。跟某些公司的销售套餐一样，主项目是你需要的爱情，但你购买这份爱情，就要接受里面的附加东西。爱情也会捆绑销售，若你想要，就要照单全收。

让你感动的是什么

某女最近恋爱了，签名呈现温婉小女人状。秀幸福的行为自然也是少不了。诸如微博上传图片，青菜鸡蛋面一碗，配文：他亲手为我做的，好感动……

细看一下，不过是白水煮面，加了青菜和打破壳扔进去的一个鸡蛋。估计操作时间不超过半小时，耗费精力不过一小点儿。想起追求她的某个男人，曾经煲了几个小时的汤冒雨送到她公司。人家只一声谢谢完事，然后将汤提进办公室，跟大家分着喝了。自始至终，没听她说过或表现出任何感动。

如今，秀感动的事情还很多。比如新男友买的一条丝巾，不过是普通店铺或摊子都可以买到的丝巾。色彩艳丽，质地一般，随处可见。人家也得感动好一阵子，说至少他出去会记着我，否则怎么会买礼物。

再回想，上述那个追求她的男人，买给她的礼物不在少数，并且都是花了好些心思的。比如一个刻上她名字的纪念品，一些对她身体有好处的保健品、营养品，一双穿上舒适妥帖的鞋子，等等。但是，她不喜欢那个人，所以哪怕他摘来了天上的星星，她也不为所动。

而今这个男友，在QQ签名上写一句：宝贝我爱你。她也会感动。那追求她的男人，在QQ签名处写上她的名字说我想你我爱你，她也不曾被打动。这边不过叫声宝贝，有可能这宝贝还是叫的别人，抑或是别的女人觉得自己是他宝贝的话，都可以拿去感动。多可怕的一句表白，她却感动得不知所以。只因人家说，我的宝贝只有你一个。

私下跟男友的聊天记录，她截图与朋友分享，言语里掩不住的感动和幸福。那男人说起情话来妙语连珠，若细心一掂量，就会发现都是些套话。比如，你很美，你很好，我遇到你是我的福气，谁娶到你就是谁的福气，等等。再看那追求她的男人说过的情话，比如你善良、你努力、你孝顺、你是我可以信任的人，等等。一比较，就像一块绸子跟一块布一样。绸子光滑漂亮，布却实在诚恳。前者说的话，对任何一个女人都可以说。后者说的话，是真正发现了你的内在美。

但是，这么明显的对比，人家非要因前者感动，旁人又有什么办法。因为人家喜欢的就是那个人。所以，他哪怕不说一句情话，只是温柔地对她一笑，她便会心跳加速。人家送她一粒芝麻，她都会万分感动。

人们就是这样的，对于不喜欢的人，即使他为你做了很多让别人都觉得感动的事，你却不以为然，表现得冷漠无情、铁石心肠。可是，对于喜欢的人，对方不过是举手投足间对你一微笑，你便坠入云雾找不到南北，觉得感动感人，从而内心温柔温润。

我们常说某个人感动了我，所以我爱上了他。其实不然，那是因为你先喜欢上他，才会因此被他感动。若你不喜欢，他送你一个世界，你也不会承认那是感动人的事。因为让你感动的，永远不是某件事，而是某个人。

伤心的肩膀

小学时，他们是一起上学的邻居。那时他只是觉得，这个邻家小妹妹真可爱。于是一起做伴玩耍，为她摘树上的果子，为赶跑欺负她的大同学而被揍到鼻青脸肿，也会为给她采一朵野花而摔破膝盖。

她跟在他身后，一声接一声地叫他哥。

初中时，他们仍然一起骑车上学。她也仍然叫他哥，他却开始不再想当他的哥。当校园里有早恋孩子出现时，他对她说，以后不要再叫我哥。她茫然不知所措，以为哪里待他不妥当。于是他说，你不能叫我哥，我要你做我的女朋友。

她却当成笑话一般听了。她说，哥你别开玩笑了，我们这么小。

他说，我们等长大那一天……

她笑着跑开，眼神明亮，没有闪躲。他心里有些不安。她在面对他时，从无羞涩和忸怩状态。她是真的将他当成哥的，她是不爱他的。

他这样的担心，在高中时被印证了。她有了男朋友，是校园里数一数二帅气且成绩好的男生。诸多追求者里，挑中了同样出众的她。他看着那个曾跟着自己转的丑小鸭如今像天鹅般站在王子身边时，心里隐隐的痛怎么也压不灭那份持续了多年的深情。

于是一意孤行，独自把对她的喜欢变成了更深层次的爱。这一爱就是许多年，虽然谁都希望爱情无休止到老到死。但他的这份感情，只是一个人的坚持。

高中时他看她恋爱，看她飞扬的青春，看她美好的初恋。再看她与男友分手后各奔东西。

大学时，他去见她，觉得她的初恋或许只是一时糊涂，如今长大的她，应该会接受他积攒了这么多年对她的好和爱。可是她还是拒绝了。她仍是笑着说，哥，我一直把你当亲哥的。

他黯然离开，默默观望她在离自己不远不近的地方成长学习，并重新恋爱，只是她慢慢再也不接受他的好了，哪怕是以“哥”为名的好，她也不肯要。

他的这份单恋历程，就像一个人行走在无边无际的沙漠中一般。头顶烈日，没有食品和水源，也看不到绿色植物。前进没有希望，后退又觉得已经走了那么远而不甘。

这份沉甸甸的不能言说的痛苦，因为从头到尾都是自找的，所以说与他人听时，换来的也无非是别人轻描淡写的无关紧要、没有意义的安慰。他能做的，也只是独自承担这份痛苦。

直到有一天，发现最对不起的其实是自己。那时他才停下来，放下担子，然后说声：“对不起，亲爱的自己……”

我们改天再分手

夜里她打他电话，无人接听，后来变成已关机。她坐在床边发呆，室友问她怎么了？她没憋住，委屈地掉了眼泪，抽噎着说那个说爱她的男人已经好几天没主动联系她了。而她联系他时，经常隔很久才有回应，或是干脆就没有回应。

室友说，这么神秘没安全感的男人，不要也罢！

她狠狠擦去眼泪说，明天我就跟他提分手！

室友附和，起身拿来酒，倒一杯递给她说，喝了睡觉，不想那样的人！

她点头，像个无辜的孩子，将酒饮尽。并删掉手机里他发来的所有短信，删掉电脑上他的照片，删掉他说的那些情深意切的话，然后有些如释重负地上床睡觉。

夜半收到他的短信，说在外面手机没电，现在才回到家。说是我不好，吵醒你睡觉。如此软言软语一番，她便信了。反过来安慰他工作太累早点儿休息，不用担心她，半句也没提分手的事。

第二天室友问起，你提分手了吗？

她像忘记那回事一般说，有吗？那一定是气话啦，他又联系我了，哪里能这么容易就分手，要是下次他再这样，再分也不迟。

室友叹了口气，一副好自为之的表情。

此后，这样的情形仍不时发生。每次伤心失落时，她便想着分手。回头他再解释道歉，她又吞下那个分手的念头。如此反复很长一段时间后，她也不主动联系他了。心灰意冷左右为难，难以分辨失去是否可惜，所以只好先搁置下来。

三五天至半个月后，他发现她的冷淡，便开始隔三岔五地主动联络她。有时见她语气冷淡，又自顾自解释自己有多忙多累。

她说，既然这么忙，你便是没有时间恋爱的。不如就分手吧……

他沉默，不接她的话茬儿，末了匆匆说，你给我点儿时间，实在有必要分手时，再分好了。

后来，他们也因为种种琐事提过分手，但每次都在彼此的一丝犹豫中停顿了下来。再后来，他终于没有那么忙了，她也终于明白和理解了他的为难。他们决定不再提分手，他们将这份情修成了正果。

这一切，归功于那些关于分手的迟疑。那些迟疑，来自彼此的不舍。那不舍，成就了那一点儿坚持。所以当我们常常因为对恋人不满而冲动着想分手时，觉得备受煎熬时，不妨让自己冷静一下。不要当时就提出分手，我们可以说，明天再分手，或是改天再分手。有可能，被推迟的分手，会成就我们那段值得拥有和珍惜的爱情。

受伤要趁早

店里18岁的姑娘请假三天。再来上班时，眼眶红肿，一脸忧伤。问起来，原来是交往的男友在与她分隔两地一年后，有了新欢。

因为有他QQ的密码，碰巧跟他在两地同时登录，却无意间目睹了一场他与那新欢的全部对话。从他们的聊天内容来看，他们的关系不像是暧昧，更像是情侣。

而她的第一次，早就交付于他。虽因现实分开，却心心念念以后要嫁给这个人，要与他一生一世白头偕老。虽然他曾说过她太小，与他相处不合适，但也未曾正式说分手。

所以背叛突如其来时，对于一个第一次爱上一个人，第一次受伤害的姑娘来说，无疑是天昏地暗，感觉瞬间爱情观都坍塌了一般。

姑娘说，再也不要爱那个人了，再也不要理那个人了，再也不要去恋爱了。

店内老板娘揉揉姑娘的头说，傻孩子，不爱那个人不理那个人是对的，但不要说再也不去爱了。你的人生还长着呢，现在看失去一个不够爱你的人未必不是好事。

她自然是听不进这样的劝说的，止不住又红了眼圈要哭出来。老板娘指着那边忙着给人洗头的另一个女人说，看看她，28 岁。做了多年生意，前不久爱上一个男人，如今却卷走她所有积蓄。生意没了，爱情没了，青春也没了。而你，受伤得早，在青春依旧的时间里，就会慢慢恢复。如此说来，你跟她那么晚才受伤害比起来是幸运的不是吗?

18 岁的姑娘虽然不能一时走出悲伤，但她抬眼细细看了看那个 28 岁的女人。那个女人低垂的脸上布满憔悴和疲倦以及那些怨愤和无形的伤痕。更明显的是，她有了抬头纹，甚至腰身也有些臃肿。她那个年纪，原本应该至少拥有爱情或事业抑或家庭、学识的任意一种吧。但是，因为她的爱情来得太迟，因为她受的伤害太迟，才显得比 18 岁的她更狼狈、更悲惨。

她再扭过头看看镜子里的自己，虽然经历几天地狱般的痛苦折磨，但青春朝气是掩不住的。她的皮肤仍然白皙柔嫩，她的额头仍然光洁，她前面还有很长一段属于她的美丽。而这来自爱情的伤害，会让她早早懂得世事无常，让她明白爱情虽然美好，却存在太多变数和痛苦。

早一些接受这种伤害，早一点儿看清那个想要爱一生的人，然后放弃他，忘记他，并学会在下一次爱情里心清目明，辨别真假。

的确，受过一次爱情的伤后，只要你学会总结经验教训，不要再犯同样的错误，不要再盲目去爱、去相信、去幻想，下一次恋情就算还不成功，也不会再有那么疼痛。

我们总是在一次次受伤里逐渐成长、壮大自己的心和精神，若你 18 岁受伤，那么你有大把的时间去养好伤重新上路。而若等你到了 28 岁才受伤，就会掺进青春流逝的挫败感，从而放大你受伤的面积和程度。

而关于爱情，总会有伤痛和伤害。爱情对每个人都是公平的，谁都免不了有受到伤害的那一天。若是逃避不了，那么不如让我早些受伤吧。

到哪里找那个比你好的人

某女优秀，长相、工作、家世，样样不输人而且还小有名气。不只在周围的生活圈子里小有名气，在网络上也小有名气。

不知是哪个月老随便搭了根红线，某位大牌当红男明星居然关注到某女微博。一互动，就吓倒了诸多某女的小粉丝。且这男星公然向某女示好，夸她有才。

某女也觉得不可思议，似有置身梦里的恍惚感。但那男星待她暧昧之意明显，引得一堆明星的粉丝醋泪横飞。

某女也因此变得更受关注起来，两人的公开暧昧也慢慢从网络上隐去，只有从某女更新的某些微博内容，可以看出她还置身在甜蜜中的样子。这样看来，关系转入了地下。且暧昧升级，像在恋爱的样子。

那男星原本就是光彩夺目、万众瞩目的公众人物，英俊潇洒、才华横溢、功成名就、光彩照人。优秀得让老百姓只能仰望，他却突然垂青一民间小女子。她爱上他，想必也是很自然的事。

可是，没几日，见她发微博说，有你作对比，其他异性在我眼里都黯然失色，但你又不可能要我，我将来可怎么找对象？

看到这个，突觉心酸。很多女子的第一任非常优秀，后来无论什么原因分手，再找时，总会拿第一任当参照和比较。就算不比他优秀比他好，也不能比他差。

有了这样的心态后，就难以再找到合适和想要的新对象。当然，也有些女子的第一任很平常很普通或是对自己不好。那么分手了，再找个更好的，也不是难事。

而你有过一次起点高端的恋情，若不成功，接下来要面对的困扰，的确是一重又一重。有没有比他帅？有没有比他有才？有没有比他对自己好？有没有比他更爱我？

总之，人比人，只会气死人的，最终也会是东不成西不就的。

当然，还有一种情况。就是分手后，女人奋发图强，也越变越优秀，最终也光彩夺目。这时，她身边圈子里的人，便随处可见跟曾经那恋人一样优秀或更优秀的男人。

所以，说到底，在你遇到一个好男人并且谈一段恋爱分手后，不要总想着到哪里去找那个比他好的人，而是先让自己变得更好。然后，你自然会在那升高的过程中，遇到那个比他还优秀、还好的人。

若一定要问那个比你好的人在哪里？只能说，你能走多远走多精彩，他就会在哪里出现，在哪里等你。

连胡子都很帅

新闻里说一名阿联酋男子因为太帅而被驱逐出境。国人啼笑皆非，将这个男子的照片在网上传来传去，很多 QQ 群都在发他的照片。

男人是模特，也是摄影师。大家在群里转发时，不可避免地也看了好几张他的照片，的确长得十分好看。

他性感得正好，若性感太刻意或是太过，就会给人欲望的不洁之感。若全无性感味道，又显得生涩单调。而他的唇，他的眼神，他的鼻子，他的表情，都有恰到好处的性感。但又自然地无辜地透露着清澈和清纯。他是性感和清澈的结合体。

我是不喜欢有胡子的男人的，但这个男人，不得不说他的胡子很好看。

为什么一定要提到胡子，因为你可能会因为喜欢上一个人，所以接受了他的胡子并喜欢上他的胡子。但你本来讨厌胡子，却在没有喜欢上这个人时就接受了他的胡子。那么只能说，他的胡子本身就很好看了。

这就像爱情，你原本不喜欢某个类型的人，或是某种性情的人，比如赌鬼、浪子、混混，比如个子太高或太矮、太胖或太瘦。你从来就不喜欢这个类型的，你当然也想过，以后肯定不会选这类人做恋人、爱人。

可是当你确定自己真的喜欢上了这个人时，你才发现，原来有些喜欢真的是不需要理由的啊。就算你以前有过很多理由和条件要求，但遇上这个人，你却忽略了所有你在意的要求。这时，你有点儿沮丧。但是，反过来，你又会告诉自己，正因为是这样没有理由的摒弃了理由，你的这份喜欢才是真实的，是没有附加条件的。

爱情的房子

男人女人相遇，然后彼此吸引。

初时展示给对方的全是美好。从家里出来，打扮得必定是光鲜亮丽。约会时，说的必定是彼此感兴趣的。吃饭时，照顾的必定是彼此口味习惯的。失落失望时，必定是宽悯隐忍的。不满时、生气时，必定是忽略过滤的。

比如他说喜欢长发的女子，她在此后见面就披着长发，尽管那是炎热的夏天，尽管她平时根本不喜欢披着头发。但此后见他，一定要披着。

比如她说喜欢歌剧，他便回家在网上查一堆与歌剧相关的知识。下次见面时迎合她的话题，显得自己跟她有共同兴趣爱好。

比如他说爱吃某个菜，下次见面她便记得帮他点那个菜。他记得她说过不太习惯闻到烟味，于是下次见面他就忍住不抽烟，假装说自己要戒了。她记得他说过不喜欢女人穿太短太露的短裤和吊带背心，下次见面她就把自己裹得很严实。

总之，他们努力表现给对方的，全是彼此满意的。他们便在每一次相处里，发现更多的共同点。都爱吃某种食物，都爱听某个人的歌，都爱做的休闲项目，都爱看的电影类型，等等。

他们发现得越多，就越喜欢对方，就越觉得对方就是自己要找的人。然后，他们当然要相爱要在一起了。他们以为，从此像电影里说的那样，王子和公主过上了幸福快乐的日子。

但随着两人越来越熟知，日子开始变得不浪漫了。细微的生活相处，才是真正考验爱与不爱的开端。她们性格里的不同点、生活上的不同点，原来有那么多。她喜欢吃辣，他好清淡；她好静，他爱热闹；她喜欢喝茶，他却好酒。后来，她的父母反对她跟他交往。他开始还忍着委屈，后来就觉得好累，说我大好一个人，凭什么被你家人瞧不起。

再后来，他对她说，相处后才发现，原来我们性格根本合不来。而且我们得不到长辈的祝福，在一起也是痛苦，不如趁早分开得了……

其实爱情里所有正面和负面的东西都是对等的，我们不仅需要接受彼此的相同点，更重要的是接受彼此的差异。我们的爱情虽然有痛苦，但你给的快乐，却是最大的快乐。

爱情就像是一所房子，房子里有两间屋子。一间屋子里住着爱时，另一间就住着痛。一间住着两个人的相似之处，另一间就住着两个人的差异之处。一间住着笑语，一间就住着眼泪。

常常有人住进爱情的房子后，只想接受其中一间的东西，不愿面对另一间的东西。殊不知，哪有两个人完全性格相同？哪有两个人没有差异？哪有一份爱不是笑和泪兼而有之呢？

戳戳你的痛处

A 失恋，经常叫一帮哥儿们出来陪他喝酒。每次 A 总是闷头喝酒，一言不发。大家便也小心翼翼不提往事，不提他那旧恋人的名字。

可某天 A 同学回城，也加入酒聚中。席间这位同学没事就问，你那前女友现在找新男友了没？或是那谁谁现在在哪里？要不直接就问，喂，你俩相处了多久？去过哪些地方，讲来听听！

A 每次听到，都眼神迷离伤感，举起杯就饮。

其他朋友不断暗示这提问的家伙，碰碰他，或是眼神，或是岔开话题，百般阻挠他提那个人的名字或相关事件。

可是这家伙无视大家的提醒，仍然问东问西。刚开始，A 显得有点儿失控，但也只是多喝几杯酒醉掉而已。后来，大家再聚时不叫这位八卦的同学了。但 A 觉得没事，便也叫来。结果来了，这人还是不识趣，继续问 A 那前任事宜。

大家拿他没办法，便由着他。也由着 A 一听到就激动地喝酒或是感慨诉说。后来，A 开始一一回答他与那旧恋人怎么相识，怎么相处，怎么相爱，怎么分手的。慢慢地，由激动变得平静了，再由平静变得坦然了。

最后再有人提到或问到，A 回答时就像是在说别人的事了。

这时那同学才说，知道我当初为什么一直戳你痛处吗?

A 说，我以为你是报当年宿舍彼此不待见之仇呢!

同学哈哈大笑，说我那都是故意的。因为戳痛处虽然痛，但戳的次数多了，你就有了抵抗力或免疫力。就像把你那块痛处戳的长茧了皮厚了，你的疼痛感自然就减轻了。

A 与其他朋友一听，都觉得似乎真是那么回事。

其实这道理也老套简单，就像伤口藏着不让人看一样。你藏着会化脓，有可能还引发深层次的并发症之类的。表面上看你是完整的、完美的、没有疤的，但藏着的伤却一直在溃烂。

但你把它放在阳光下，就会很快被晒干，或是被人看到及时治疗。虽然这个过程有点儿残酷，被人观赏、把玩、谈论、研究。但假以时日，就会根治。最起码也不会落个化脓发炎之类的。

所以当你身边的朋友里常有毒舌腹黑之人出现时，不管他出于好意、无意还是故意，你都得感谢他们。因为他会将你原本以为不能示人的、藏起来的伤口变得无足轻重并习以为常。

不管他们的目的是要打击你、嘲笑你，还是看你笑话或是故意折磨你，你都要撑过那个最难面对和接受的时段。然后，你再听到那个负心人的名字和与他/她相关的事情时，你就会发现，原来不过如此啊。原来有人戳你的痛处，是教你学会如何快速面对和接受的好办法。

当然，你若要效仿此方法去戳别人的痛处，也要了解对方的性格和为人。别胡乱戳到了老虎屁股。

爱如迷信

小 Q，恋爱数次。

每次都很快心动投入到感情中，但很快觉得失望或是对方也觉得失望。于是陷入恶性循环的状态中，动心死心频率一高，心就渐渐麻木起来。

开始觉得爱情是个想象出来的幻觉，并且怀疑世上并不存在真正的爱情。认为所有男女关系无非是异性相互吸引，是荷尔蒙作怪；是原始行为，是男女大了当婚嫁；是一种社会现象，是一种人们欢爱的借口罢了。总之，小 Q 开始不相信爱情。

但是大多嘴里说不相信爱情的人，其实却更渴望和更想遇到真正的爱情。只是伤人伤己次数一多，便有了防疫能力、有了怜悯之心。不敢心动，怕再次亮出爱的双刃剑，被最后的无疾而终割伤彼此。

于是小 Q 给自己建了个壳，不相信任何人对自己说的喜欢；怀疑任何人的表白意图；揣测每一对情侣恋爱的目的，也逃避每一份要正式开始的恋情。直到有一天，小 Q 在乡下看到老者给一户人家的妇人驱邪。

妇人面色灰暗、憔悴不堪，坐在堂屋的八仙桌边。老者将大公鸡的血红冠顶割破，滴下几滴血到妇人额头。然后取一道符，口中念念有词后，烧之放入空碗，待化为灰烬时，倒入一口白水让妇人咽下。

半晌后，妇人精神慢慢好了起来。在屋里走动，招呼和致谢被留下吃饭的老者。

小 Q 看得内心起伏，悄悄追问老者如何做的法术。难道真的那么神奇？老者笑道，年轻人，你不会也信这一套吧？

小 Q 摇摇头，又疑惑地点点头。老者笑语，迷信这东西，信则有，不信则无。刚才的妇人她信，所以她很快就能恢复精神。若你不信，做什么也是枉然。

望着老者意味深长的笑脸，小 Q 顿时想到了爱情。

她记起曾有个陌生人在微信上对她说：我们都可能会改变，我们自己都不敢保证，但我们仍然渴望拥有爱情。所以，你要对别人有信心，对自己有信心。

的确，很多人都是因为对别人和自己没有信心，才跟小 Q 一样一边怕爱情的伤害一边又期待爱情、怀疑爱情。说到底，其实我们身边一点儿也不缺爱情，缺的是把爱情当回事的人。

所以，爱情也可以如看待迷信一般。你信，它就存在；你不信，它就不存在。说到底，它是我们想象出来的精神层面的东西。一个人好与坏或你爱不爱，都需要你先想着去爱，去相信自己爱他，去相信他也爱你。如此一来，爱才会有存在的可能或真正产生。

电影、读书和爱情

有人说，我不知是好是坏，总是看不进新的书或是新的电影。

关于这个，其实自己也一样。有一段时间，因为写影评，所以非常关注每月出的新电影。有时答应编辑约的最新的电影影评，可是自己所在的小城没有电影院，只好去网上找抢先版来看。

于是，原本就没什么底蕴和质量的新电影，带着浓重的商业味儿，模糊不清晰的画面冲击着我的视觉。看完后，心里空荡荡的。打开文档写影评时，甚觉无趣。思来想去，才能挑到一个自己能接受的角度去写。但非常清楚，这完全是一项任务，而不是发自内心地想说点儿什么。

当然，新电影若能遇上《少年派的奇幻之旅》一类的，倒也是惊喜。只是，这样的新书新电影很难遇上了。后来不想再写影评，便不想再浪费时间去翻新电影来看。

对于读书，也是如此。从小看过的书种类繁杂，有些走马观花，有些囫囵吞枣，也有些重复揣摩品读。这其间，当然也有遇到许多公认的劣质书、商业书，或是没有营养的快餐书。遇到了，也就看几行就扔下，或是过一遍后再也不会拿起来。

前些日子念及世界名著，觉得就算不能全部细读，也得都了解一下，哪怕只看个开头。一时收集不了这么多的纸质书，便先下了一些电子书。可是，打开能一气看下去的并不多。耐着性子翻一个开头，想在众多文字里，找到对眼和知己，抑或是一眼就心动到不忍放手。

有时看得不耐烦，便思索是不是因为自身太浮躁，才导致遇不到十分喜欢的书？于是放下新接触的作者或未看过的书，回头看那些喜欢了多年、反复读的书或老旧电影，发现很快就可以融入进去，并且安静下来。

因此想来，这读书也跟有些爱情观一样。喜欢上的，就会一直喜欢下去。就算有一段时间搁置了，最终想起来，还是惦记那种好。而不喜欢的书，即便它是获奖作品，再怎么努力也喜欢不了。就像有些人，明明光彩照人，你不喜欢，也是枉然。

当然还有一种可能，就是世上还有许多可能会喜欢上的书或电影。但你不一定有精力和时间一一去遇见和分辨。书海如此，人海亦如此。你知道这世上还有可以喜欢上的人，却一样会觉得没有精力和时间去一一遇见。

最终，我们发现自己在有限的时间里遇不了更多可以喜欢上的书或电影以及人时，便宁愿待在旧时喜欢上的电影、书或人身边。只因我们觉得，时光如流水，我们浪费不起太多时间去找更多喜欢的东西。

猫与狗的爱情

在她年华正好的时光里，爱上一个眉清目秀的少年。他猫一样灵动的眼眸，像一潭陷进去就出不来的清澈泉水。他成绩优异，古灵精怪。他也像一曲带着神秘味道的音乐，时而平和，时而欢快。

她幸运地成为他的邻居，从此可以每天一起去上学。最初她是不敢与他打招呼的，因为他长得太好看，太精致。而她长相一般，学习一般，家境一般。暗恋在每天看着他的背影里一点点滋生、一点点放大，但不敢亲口告诉他。他也曾友好地主动跟她打招呼，主动叫她一起走去学校。

可以这么近距离地接触他，她的心就已充满喜悦。帮他买早点，送他小礼物，永远是笑脸待他。他有点儿小感冒小难过，她第一个知道，也是第一个跑去药店为他买药。少年的心，被感动、打动。在众多追求的女生里，接受了她的爱慕。

但事情并没因为这样发生变化，他仍然跟许多女生嬉笑打闹，仍然接收她们的情书和笑脸，依然享受她们带来的虚荣心和小甜头。对于她这个挂名女友的存在，他常常是开心了就哄哄她，陪陪她；不开心时，从不管她心情如何，想法如何。

他骄傲得像只猫。心情好时，她叫他，他就顺势舔舔她的手，表示问候和喜欢；心情不好时，她若稍有不慎，他便会将原本漂亮的脸黑下来，露出警惕和不满的目光，像要伸出爪子挠人一样。

他的反复无常和时冷时热，对她的招之即来挥之即去让她痛苦万分。她便主动提出分手，放弃了这个猫一样的漂亮男子。

后来，她选择了一个憨厚老实的男朋友。他们彼此接受后，他便待她始终如一，忠诚无二。

她不开心，他一定能让她找到，无论在不在身边，都给她踏实和温暖。在一起时，无论他多烦心困扰，无论身体是否舒适有恙，他都不会对她板起脸表示不满和不耐烦。

除了待她千般好，他眼里对别的异性都有了警惕和距离。他知道，既然选择了她，那么爱她一个人就够了。婚后他经常回家比她早，无论多晚，他都会等到她回来。无论她想去哪儿，他都尽力陪着她。

他让人想起电影《忠犬八公》里的秋田，虽然是一个不太尊重的比喻，但是他性情里的某些东西就是如此，忠诚地只爱一个人，只等一个人，只对一个人好。这样的他，即使外表内在都很普通平凡，也是不可多得的男子。

而聪明的她，因为曾经历过猫一样漂亮华丽但不安定的爱情，所以懂得什么样的爱情更安全和值得珍惜。

三千情敌从何起

有句话说，我若在你心上，情敌三千又何妨。

乍一听，觉得说这话的人真是豪气冲天，自信满满。仔细一想，却觉得不对劲儿，你既然在他心上，何来三千情敌？

好比他爱上她，问她，现在有多少人在追你？我想了解下敌情。

她说，在说爱你之后，所有敌情都被我消灭了。你呢？

他说，一样。否则，心上的位置怎么够放下一个你？

看吧，情话虽然在旁观者看来略觉肉麻，但当事人说起来非常受用。这一则情话也是如此，让两个当事人感动得无以复加。不过话说回来，关于情敌的说法，真实境况应该如他们这般处理才对。既然我们说爱了，那这些情敌就不再是彼此的情敌了。他们再追我、寻我、喜欢我都是他们的事，他们不是你的情敌。

而情敌之说，是在你左右为难，两边不落实选择的情况下存在的。你觉得你爱的那个人还被人虎视眈眈，并且他也没有确定选择你，你跟其他人一样，都处在备选的情况下。纵使他说过喜欢你多一点儿，爱你多一点儿，你也会觉得不踏实。

因为，你虽在他心里，但情敌们也在他心里。他只是将心里的位置留给你一块儿罢了。那么，你在他心里还有何用处？那一席之地，就算比别的情敌地儿大一点儿，也不过是“一点儿”而已。

所以，只有一个人未全心待你时，你才需要跟抢他的人、他还留有余地的人竞争。

再想起网络里说那句“我若在你心上，情敌三千又何妨”的配图，一白衣女子举枪面对周遭诸多黑衣女子，表情又冷酷又潇洒，这配的词，听起来也够气势。可看完后，却有丝丝悲凉。

爱一个男人，只有他给不了你安全踏实的感受，让你感受不到完全的爱时，才会有那么多情敌。否则，他在让你进他心上时，就会把情敌消灭干净。剩下那些纠缠和不死心的黑衣女人，不会再围攻他，更不敢来围攻你。

只有爱不确定，只有在他心里占地面积不完整，你才需要有力量、有气魄、有勇气去面对一堆情敌，跟她们横刀相向，英勇作战。

这样的爱情形式，你在那人心上又怎样？还是不要占那一块地儿来得轻松。要举枪与你的三千情敌抢你，实在太累了。不如等你自行消灭了所有情敌，我们再相爱吧。

等待如刀

A 男爱着一个女孩，她的梦想是站到舞台上唱歌给许多人听。而爱着她银铃般声音的他，更爱她兔子般活跃的身影。但她志不在爱情，于是越洋去深造。走前她也向他承诺，学成归来，便是大婚之日。

他就此活在她的一句“等着我”里面。身边莺莺燕燕全都熟视无睹，家人朋友的劝告也当耳边风。或许他自己也猜到那走了的人儿会将他忘了，她原本就视爱情为配料，当不得真才是。

可他沉浸于她隔三岔五发来的邮件，迷恋她越洋打来电话里的声音。有时多日的不安和委屈，得她一句安慰，便化三冬为春暖。这样间歇式的充着电，似乎就能持续待到她归来。

多年过去，她的联系越来越少，解释永远是太忙了。在大洋彼岸，她有了机遇，正关键地向着自己的理想奋斗，如何能半途而废呢。他想，爱一个人，无非也首要是懂得和理解。所以尽管多方压力觉得他傻，他还是尽了全力在等待。只等到岁月这把杀猪刀将他变得憔悴苍老，而那远在他乡的人儿，已经出现在了电视屏幕里，娇媚鲜艳，风光无限。他在镜子里看到自己时，不由得悲从中来。

原来那人早已飞得很高很远，而留在原地等待的自己，不过是一份没人回来倒掉的过期甜点。

另有A女，爱上有妇之夫。最初情意缠绵时，彼此都不去想将来如何结束。花前月下的一段浪漫情缘，让男人忘了妻儿家小，让女人忘了伦理道德。在爱无罪的自我安慰里，度过了一场可歌可泣的真情意。

但一朝男人总得回归，留给女人的，是一句“等到某一天，我完成孝敬父母的大义，负责完儿女的成长，让妻有所依托后，便是我们爱情的归宿”。女人含怨说，因为爱你，所以也许可以等你。

女人果然也等了，只是那样的日子太苦，不过三五数月，便如将要凋零的花。因为念时不能打扰他的生活；病时不见他的身影；苦时不能言，累时不能语。待到他抽出身来有空联络她时，她已有心灰意冷之样。

更痛的是想着自己的遥遥等待无期未知，又看不到尽头。而那漫长岁月里，如花的青春正在老去，阴暗角落的爱情，是滋养不了一个女人生长的。直到她觉得再无救赎，爱便也成了刀，一点点在等待的心上刻出寂寞和伤痕。

等待，听上去很美好。而真正有多疼痛，只有正在等的人才知道。所以在选择等待时，确定好你那要等的时间是不是近了、等待的那人是不是对了。否则你这厢等得凄风冷雨，而那被等的人却在别人的怀抱。

哪有时间去暗恋

年少时，我们喜欢上一个人，又不敢或不能告诉对方，只好默默藏着自己的喜欢。因为觉得表白太神圣、太重大，从而没有说出来的勇气。要么是怕失败而受打击，要么是怕说出来那个人就再也跟自己没有关系了。于是那份喜欢便一个人一藏许多年。

那个许多年在别人看来只是一句话，可是在当事人心里，却是一段漫长的、悠久的折磨和煎熬。不要说暗恋也是一种美，那是因为你没体会过那种无助和寂寞。你终日沉浸在想象里、猜测里、观望里，甚至有时还得承受对方有了恋人带给你的惆怅和心酸。

于是时光就在那样一份一个人的恋爱里流逝了，若终有一天，你向对方表白了心迹，对方正好也暗恋着你，那自然是一件美事。

另一种结局当然是你表白失败，要么一蹶不振，要么反倒觉得轻松了也好，可以有别的选择，可以重新开始。重点是，你要警告自己，以后不要再暗恋，因为那太浪费时间了。

还有一种结局是你表白失败了，但不肯承认和面对这种失败，明知对方不喜欢你，你还要坚持单恋下去。这样的固执有些人一直坚持到最后，对方被打动从而接受了。但更多人的坚持仍然是白费了好时光。

总之，不管暗恋还是单恋，不管表白不表白，大多都应该是我们年轻时会做的事。当有一天你发现自己的青春跑得特别快时，你就不想再花许多时间去暗恋一个人了。你喜欢上一个人，要么去表白，要么去试探，要么旁敲侧击，要么派人传话打听，总之你会行动起来。你会想要快一些得到一个答案，不管是好消息还是坏消息，都想要早一些知道为好。

当你得知对方不喜欢你、不接受你的喜欢时，你或许会消沉、会难过、会流泪，但是你不会再花几年时间去守候、去等待、去单恋了。你得面对工作压力，得面对日渐老去的父母对你的期盼，面对自我的提升，你得不断学习和努力才能跟上时代的步伐，才能不被生活淘汰。你哪里还有时间一个人去苦苦暗恋单恋呢。

所以当你发现自己没有耐心去暗恋一个人单恋一个人时，不要责怪自己不再一往情深。不是你不专一，而是你在成长途中，终于接受和理解了爱情终究是两个人的事。

你不喜欢又怎样

女人说，我男友最近经常出去吃吃喝喝。我不喜欢他每晚都去寻欢作乐。我也不喜欢那样没自制力的男人。

女人还说，我不喜欢他理了平头，我不喜欢他现在穿的衣服，我不喜欢他抽烟，我不喜欢他睡觉时打呼噜、流口水、磨牙齿，不冲厕所还乱扔臭袜子，……

有人打断她说，你最不喜欢的，应该是他不喜欢你了。

女人终于沉默了。

的确，他若依旧喜欢她，怎么会丢下她自己去吃喝玩乐呢。他不是没有自制力，他只是不想因为她而自制，不想因为她使得他自己失去自由了。

说得再残酷点儿，他对她已经没有了兴趣，他不再爱她了。

所以，他不再陪她聊天，不再带着她去曾经一起散步或吃夜宵的小摊。他只愿跟着一帮朋友在酒吧或是 KTV 狂欢，并且随便丢给她一个理由说，你自己早点儿睡；或是今天朋友生日，明天同学聚会。

当然，他还有借口和理由说不能带上她一起参加。

于是，她一个人落寞地找来自己的朋友陪吃夜宵或逛街。当朋友问起他去哪里了时，她还得死要面子地说，才不管他去哪里了，我不喜欢跟他一起玩儿。所以他玩他的，我玩我的！

后来，他连借口都没有了。自顾自地去了，不管她是不是追问他的行踪。高兴了就报告一下，不高兴了就不接电话、不回信息或是直接关机。

再后来，他已不在乎她的感受和表现，他也不在乎她是不是在意他那些生活里的大小缺点。所以，不管她是喜欢抑或是不喜欢他的所作所为，都没有了意义。

他不在乎在她面前的形象，也不在乎她是不是还喜欢他。他好像有点儿巴不得她不喜欢自己了，因为她抱怨他哪里不好时，他会说，那你去找个比我更好的啊！

一句话，她就只能沉默了。

爱情的天平一点点偏了歪了倾斜了。她还爱着，他却不爱了。他表现得越来越明显，她无法再因为面子在朋友面前撒谎或是说不喜欢他怎么样了。因为，他已经有另一个人陪伴了。

她没有挑明，假装不知道。她还没有勇气跟他分手，她还舍不得。

直到某天，他喝醉后去了她那里。她开门时看到是他，以为浪子回头，满心欣喜。于是说，我不喜欢看到你喝醉的样子，以后别老去喝酒吧！

哪知，他都不要进屋，只是站在门口说，我是来跟你说分手的，你不是老不喜欢我这样不喜欢我那样吗？这下好了，你也不要再勉强喜欢我了！

她还未哭出来，他就转身走了。想必，他是喝酒壮了胆才来说分手的吧！

这时她终于承认，她最不喜欢的，是他对自己说分手。但是，她不喜欢又能怎么样呢？

不爱我，告诉我

她说，他说过爱我。

她说，他说过今生就要在一起。

她说，他说最近很忙。

她说，他很久不联系我了。

我说既然这样了，那就问问他，是不是不爱了。如果不爱了，就告诉你。你不会哭，不会闹，不会责怪，不会怨恨，也不会抹脖子寻短见。

但是她说，他不承认不爱了。他只是说他有苦衷，有不得已要解决的事，说他需要时间。她再追问，他又说过去不是假的，都是真爱的都是真心的，现在也仍然是真心的，未来还会真心的……他信誓旦旦，感天动地。

她败下阵来，只好也不再主动联系他。她对我说，这个人真奇怪，不爱就说不爱了，这个不被爱的人都不在意不计较，他却打死都不肯说出来，为什么？

我想，这是因为他爱着的只是爱情，是他自己的爱情。他的爱情信条大概是不可轻易改变，他的个人塑造方向是正直负责、温文儒雅。他不肯承认自己始乱终弃，不肯承认自己爱错，不肯承认自己背叛和变心，终究只是因为他不肯承认自己做得不够完美。

他不是担心你受不受打击和伤害，不是担心你报复、辱骂或是有过激反应，他是在做给自己看。这只能说，他比那些敢于承认自己不完整、怯懦、有缺失的人更虚伪和可怕。

她叹口气说，幸好我从不欺骗自己，所以懂得看爱情而不只是听爱情。

的确，爱情这东西太过复杂。如何分辨对方爱不爱你，得靠自己感受。不要骗自己，才能做到不浪费时间。

爱情，其实从来都是两个人的事。我不想从你那里得到任何东西，如果你不爱，如果你觉得爱错或是不爱了，就请你一定告诉我。

因为如果我知道你不爱我了，我就不会告诉你我想你。即使我真的在想你，也不会告诉你。更大的可能是，如果知道你不爱我，我就根本不会再去想你。这样，是对彼此感情的一种责任。

如果你不爱我，我告诉你我想你爱你，对你来说要么是一种负担，要么让你沾沾自喜多了一份炫耀经历。而我知道你不爱我，我还在想你，那只是在消耗我的热情、我的爱、我的自信心。

所以，只要让我知道你爱不爱我，所有的事情都有了答案和解决的办法。那么若是你不爱了，记得告诉对方。不要让对方在爱与不爱间，备受煎熬。

你不爱我，我不怪你

她喜欢上一个男子，处处找机会与他碰面。她健谈开朗，胆大勇敢。所以，她频频向他示好。可是男子对她无意，但碍于情面礼节，只好与之周旋。但是错在他没有表明立场，她便以为他的回应也是喜欢。

可到了她表白时，他终于招架不住败下阵来。告诉她自己不喜欢她，开始躲她逃她，让她不要纠缠自己。她愤愤不平，四下与朋友同事讲那男子坏话，甚至扬言要找人教训他。

听的人大多嗤之以鼻，说人家又不欠你的，又没从你这里拿去什么，凭什么要找人家麻烦。理由呢？就是因为人家不喜欢你？

她气恨恨地说，他拿走了我的心！

嘴里恨着，眼里却掉下泪来。胡言乱语骂那人不识好歹没有慧眼，忽视她逃避她不爱她。生生把那人责怪成陈世美一般。

改日她去见一闺蜜，闺蜜说最近喜欢上一个人。带她去见那人，原来是在街头摆了音箱弹着吉他唱歌的少年。少年英俊文艺，眼神看上去如同赤子。这样的人，总是精神追求大过现实欲望，所以从他脸上的表情和眼神里可以看到一种有异于常人的东西。

大概，这就是闺蜜喜欢他的原因了。

她问，你表白了吗？闺蜜点头，我喜欢他很久了，他每天在这个地方唱歌，我每天在纸币上写上情话。她再问，那他喜欢你吗？闺蜜摇头说，他从不回应我。

她听完心头马上涌起不满，看那少年的目光也不再温柔。她对闺蜜说，这种浪子歌手不务正业的家伙，有啥好喜欢的！不用再理他了。要不，你写点儿狠话扔给他出出气？

闺蜜戳她额头说，你啊，还是一刺头儿。你喜欢人家，是你的事。人家不喜欢你，是人家的事。哪由得随便动气责怪人家。

她这样一听，想起闺密曾经爱过一个人很多年，人家却也是不爱她。闺蜜后来只好放弃，但从来没听她抱怨和诋毁过那个人。她不禁对闺蜜的那份淡定和从容生出崇拜之意。

于是，她从包里拿出零钱，轻轻放在那吉他少年面前，再对他轻轻一笑。然后她挽住闺蜜的手说，那么，我们微笑着跟他就此别过吧！

两个女子笑靥如花地离开，就像刚刚看到了一朵花一株草。看到那美好时，是愉悦的、欣喜的。那么不用管那花草是否看你，你有幸看到就够快乐幸运了。

喜欢一个人也是如此，我看到你身上的美好一面，看到你的温柔善良，看到你的睿智聪慧，看到你所有让我欣赏的东西。于是，我内心是欣喜的，是觉得幸运的。就像遇到一朵清香的特别的花，我便由此笑着醉了。

而你，不看我，不喜欢我，或是根本就无视我又有多重要呢。所以，不用因为你爱的人不爱你而伤心或是愤怒。他能让你喜欢和爱，即表示你已遇见美好。于万物规律来说，也已是恩赐。怕只怕，你走遍千山万水，却遇不到可以喜欢和爱的人。

假如要忘记

电影《广岛之恋》中的女人，因为曾经的恋人死去而发疯。那份爱深到她的骨髓里、血液里，她因那个离她而去的男人精神失常许多年。她被关在地下室里，人不人鬼不鬼地生活了许多年。

后来，她看似恢复了正常。将那个跟自己阴阳两隔的人藏进记忆深处，因为生活还要继续。只是，这生活也只是继续而已。

但是，她在日本拍电影的时候，却爱上了与她发生一夜情的当地男人。在这个发现自己爱上对方的过程里，她并不觉得快乐，而是觉得痛苦煎熬。她向这个新结识的男人说起那段尘封已久的往事，说起曾经爱过的那个人。她愿意向他敞开心扉，让他看到自己心上的伤痕。

这也意味着她愿意腾出旧记忆，放进新的人和记忆。

但她又觉得自己怎么能这样，怎么能爱上另一个人呢。所以她说，太可怕了，那么深的爱也会忘。她在镜子里对逝去的人叫喊说，你看啊，你看，我把你忘了！

是的，她想要真正忘记那个人了。那个她曾经因为爱得太深太狂热的人，那个她以为一辈子也不会忘记的人，那个她以为不会爱上别人的人。

可是，她还是因为另一个人要忘记他了。她需要有新的记忆了，她想要新的记忆了。所以，她需要把原来的他忘记了。

也许，在她没有遇上这个日本男人时，并没有想过要忘记那个人。她可以一辈子记着他、思念他，回味与他相恋过的时光，痛苦他逝去的场景和时光。

可是，她遇上了另一个可以爱的人。这时，她恐惧了，她自己也觉得不可思议了，她不敢相信自己也会改变，也会忘记，也想忘记那个人。

我们也会有这样的经历吧，曾经爱过的一个人，跟他在一起时就想，我这么爱他，这辈子再也不会爱上别人了。就算某天他离我而去了，也觉得这辈子都要活在有他的回忆和属于他跟自己的旧时光里。

直到某一天，另一个人闯进了你的心房。你猛地发现，你在淡忘旧的人。你想把旧的人从心里赶出去，因为，你的心里左碰右撞的都是这个新人的影子。你想起的，是这个新人的样子。你回忆的，是跟这个新人的相遇、相处片段。

你一边自责，一边觉得难过。原来爱得再深的人，若不能永远在一起，都有需要忘记的一天。只是当你还没遇上那个能占据你记忆、赶走旧人的人。你遇上了，就会想着腾出心的空间，盛装新记忆新的人。这时候，你才明白，假如真要忘记旧的恋人，不是忘记不了，而是在你想要忘记需要忘记时，就可以忘记了。

为了你能想起我

年少时，你也喜欢过某个人吧。为了让TA注意你，你也许故意在班里调皮捣蛋。从 TA 课桌边走过时，用衣角扫掉 TA 的课本。或是跟别的同学嬉闹玩耍，很大声地从 TA 身边撞过去。有时，也用恶作剧来惹火 TA。

那是因为年少的我们不知如何恰当地表达那份喜欢。但是，我们不想被 TA 忽略或遗忘，于是频频制造各种响动或事端来让 TA 不得不发现你。后来，因为你突出的坏表现，抑或是突出的好表现，给 TA 留下了深刻的印象。为了让 TA 不时想起你，你不管你的形象是好还是坏。至少，比 TA 完全想不起你这个人要好。

长大后，你喜欢的人也喜欢你吗？也跟你互动吗？如果你不小心喜欢上一个不够喜欢你的人，你一时又难以放弃或放下，便想不断引起 TA 的注意吧。你一定曾试过发一些说说或微博，只为给 TA 看到。TA 看到了，未必会回应你，也未必会联系你。但是你想，至少 TA 看到了，就不得不想起你来。

当然，你可能也会跟某个人相恋后又分手。分手后，你对 TA 念念不忘，因为是不得已为之。或是 TA 先提出分手的，或是你为了理想、为了梦想、为了事业抑或为了家人等现实问题离开了 TA。

但你又不死心，总觉得也许还会有机会重新在一起。也许某一天，你战胜了现实，遇到了转机，就会重新与 TA 相聚相爱。可是，TA 似乎不那样想了，TA 不再主动联络你了。于是你有些不甘心，你后悔就那样分了手。于是你想做点儿什么引起 TA 的注意。比如跟 TA 的好友聊天，东拉西扯说些不重要的事。目的是想要那朋友在 TA 面前提起你。这样，TA 就不得不想起你来。

虽然这些想法和行为有些幼稚，可是谁叫自己还放不下 TA 呢。无论出于什么原因，都还忘记不了 TA。当然就希望 TA 也不要忘了你。至少，要一起遗忘和放下吧。所以，你才不遗余力地制造一些让 TA 想起你的事件来。

某天，朋友问，你网上的头像怎么从来不换呢？

你神秘地笑着说，因为那照片是TA给我拍的，我要让TA每次看到我的头像，就想起我来。

朋友嘲弄地说，想起你又怎样？反正已经分手了！

你想说点儿什么，却没说出来。是啊，你终于明白，这样的行为只是自我安慰罢了。一个不再在乎你的人，一个不再爱你的人，一个舍得放弃你、离开你的人，就算是看到你的动态想起你，又会有何感想呢？不过是想起还有你这个人存在或是存在过而已吧。

一个不爱你或不再爱你的人，即使想起你，也是像看待别的普通朋友一样，心无波澜。

所以，不要费力让TA想起你了。还是费点儿力去看看那些频频引起你注意的人吧。也许他们当中，就有人想让你想起TA的呢。如果你正好可以喜欢这个新的TA，那不就皆大欢喜了吗？

情人的眼屎

A说她跟男友刚刚同居的时候，每天睡前洗漱后，还得在脸上涂一层薄薄的看不出真相的粉底。不然因为经常熬夜会有黑眼圈。口红也得搽一点儿，上下嘴唇抿一抿，擦去亮的那部分，要看起来跟没搽过一样。要是全然不管，嘴唇会显得干裂或不红润。

A说这还不是重点，重点是第二天早上醒来的状态。如果他醒在自己前面，那一定很可怕。所以她把手机调一个早一点儿的闹钟，最好是天将亮未亮看不太清楚的时候。为了不吵醒他惊动他，闹铃得设为振动，然后放在自己枕头底下。闹钟响后，她会轻手轻脚爬起来去洗手间洗脸刷牙，自然还得来个看不出化过的淡妆。

回到床上后，他醒了，看到的A还是光鲜亮丽，眼神明亮，唇齿清新。在他的注视和亲吻下，她得装作刚睡醒的样子，伸个懒腰，然后挤到他怀里让他用深情的目光继续看她。

听A如此形容，我顿时觉得爱情好伟大。笑话她你这是有多爱多在意那个男人啊。跟他睡觉睡得如此小心谨慎，伪装得如此麻烦，累不累啊！

A说，这不是刚刚开始嘛。等到他全心拜倒在我的石榴裙下，就不用这么累了。

我说，那他在你面前醒来难道没有隔夜的臭口水和眼屎吗？你不在意闻到他清晨的口臭和看到他脸上的油光或乱糟糟的头发吗？

A坚定地说，我不在意！

我叹了口气，看样子这姑娘的确是坠入爱河了。可是既然你不在意看到他清晨醒来的狼狈样子，怎么不让他也看到你醒来时的真面目，检验一下对方是不是也真的爱你呢？

想想我们爱的那个人，是不是一开始就不介意你睡着后把口水流到他手臂或胸膛上？是不是在你醒来睁开眼时会为你清理眼屎？是不是不在意清晨你的口气就给你亲吻？是否会深情凝望着你并抚开你额上散乱的头发？如果他也是那样，想必就是真心爱着你的人吧。

看来情人眼里不光出西施，还得容下眼屎。总之，就算不能用这个来衡量他是不是真心爱你，那么至少那个跟你一同醒来看你的眼神有些逃避和厌恶甚至失望的人，肯定是不爱你的。当他醒来看着你眼角挂着眼屎，嘴角残留着口水痕迹，有可能还后悔怎么跟你睡在了同一张床上，昨夜的你明明是很美丽的嘛！

所以安全起见，还是及早让他看到你晨起时真实的那一面吧。因为我们迟早会让对方看到这一面的。如果他爱你，就不会在意你的眼屎。

不能喜欢你是件好事

他从小家境贫寒，但父母家人相亲相爱，他便也生得不那么苦大仇深。在父母的影响下，他的性情温和阳光。虽然大学即将毕业，却还有颗青涩单纯的心。

因为爱好文字，他在网络里蹚进了某个文学圈子。在那里，他认识了不少优秀的前辈。

她也是其中一个，某知名杂志社的主编。她的博客风格清新温婉，她的行踪不定，常有在外旅行的照片配上美好文字发在微博里。他处处关注她，也买了她出的每本书。后来，看她有开办写作培训班，他便用自己打工赚来的钱交了学费报了班。

他第一次跟她在网上说话时，紧张的手心都出了汗。看着头像上她美好的笑容，看着她敲打出那些礼貌亲切的字词，他的心里荡起一阵阵波澜。

因为她是培训班的老师，他的动力倍增。曾经有过基础的他学得也很用心，写得也比其他人多，付出的心思体力都不少。不久后，他就开始发表作品，并且在她的指点下开始写书。

他觉得她对他比一般同学都要上心，会主动指导他，会主动给他找投稿资源。她也关注他的每一个动态，甚至在他们相聚的那次师生会上，她主动跟他喝了好几杯酒。

他觉得，她对自己有暧昧的味道。她很年轻，美好如画。他觉得她的笑容拉近了他们的距离，甚至觉得自己也可以去追求她，去爱她。

他每天陷在她给的温和笑容和彼此互动的文字里，觉得世界都变得更加美好起来。他忘记了那一贫如洗的家庭，忘记了在乡下老实的、大字不识的父母，忘记了自己长相普通，忘记了自己还未自立、还未工作、还事业未成。

因为忘记了这些，他鼓起勇气对她表白了心迹。他甚至想，她给他的那些特殊对待是对他的暗示，他以为她是青睐他、喜欢他的。当然，他也自然认为她是没有男友的。

可是，当他说出暗恋她、喜欢她、要追求她时，她笑着说，我已经结婚了啊！

他整个人顿时黯然下来，再没打出一个字来。回过头，他跟一同学聊起这件事。

他说，她居然已经走进围城了！怎么能这样！我暗恋了她那么久！

同学调侃他说，你对她说，进了围城可以再出来啊，你等她出来就好了。

他本来有些不快，却不知为何被同学这话逗得笑了出来。

他又说，我表示我的小心脏碎了一角啊。

同学又调侃说，那你就告诉她，你会天天趴在她墙上看着她，让她抽空抬头看看你吧！

他被同学这样的戏语说得笑了起来。他说，其实呢，我发自内心地笑了。因为我突然觉得如释重负。因为她结婚了，我不能再喜欢她了，这件事原来是件好事。

同学疑惑，他解释说，其实我根本没有把握追求她，如果她还是单身，一定有诸多优秀的追求者。而平凡普通的我要跟那么多人竞争，根本就是有些不自量力的行为。现在，她已经只属于一个人了，并且我不能去跟那个人抢她，这样，我就不用患得患失去想得到她了。

想来的确如此，世上还有一种情感叫作我不能喜欢你是件好事。虽然我想给你爱情，但我跟你是有差距的，要是被你拒绝，要是你不爱我，要是你看不起我，那将是一种多么残忍的打击。可是如今，你已经属于某个固定的人了，那么我就此死了心也安了心。于是，我对自己说，我不能喜欢你了，我也不用喜欢你了。这样，的确是件很好的事。

你的喜欢在哪里

她混迹网络，工作和生活的大部分时间都跟网络有关。所以单身的她，认识他人的机会大多从网络开始。好友里面，常有异性来跟她聊天。

初识的A男对她说，我喜欢你，你叫什么名字？你是哪个地方的？

她回复，请你看资料。

认识半个月的B男对她说，我喜欢你，你是做哪行的？你有什么爱好？

她回复，请你看我资料或博客介绍。

认识一个月的C男对她说，我喜欢你，你是外向型的还是内向型的？你有什么优点什么缺点？

她回复，请你看我博客日记。

……

这般提问的男人，她发现此前他们都只是到她空间看过相册，然后闲聊后，就有了此类的问话。有时她实在烦了，就说，能不能不要总是那么多问题？

男人们说，问问题也是互相了解的一种啊。

她想想也没错，两个初识的人，问一些问题加深了解没有错。

但是对于她这种生活状态基本都展示在网络上的人，还有多少是需要问的呢？

她想，如果你喜欢我，至少你该关注我吧。如果你更喜欢我一点儿，至少知道我在做什么吧。如果你喜欢我更更多一点儿，至少要了解我性格和习惯的一半吧。如果你喜欢我更更更多一点儿，至少要知道我的好、我的不好，理解我的苦、明白我的乐吧。你若只知道我的名字我的样子，就不要糟蹋喜欢这两个字了。

而上述那些男人，看似坦诚地表达喜欢，却不肯自己先去了解一下这个人，无非是不想浪费时间和精力。因为他们只需知道这个女人长相如何，接下来便可以说喜欢。这喜欢，无非只是视觉上的愉悦，接下来要追求的，要么是一段艳遇要么是一段奇情。

至于你这个人的过往，他们没有兴趣。他们也不想知道你经历过什么，你在感受什么，你有没有痛苦，有没有悲观，有没有梦想，有没有挫折，有没有思想，有没有灵魂，有没有内涵。

他们要的，要么是空虚时的一个闲聊伴儿，用来打发寂寞和无聊；要么是顺便延伸到现实里，就再来段不用负责的情缘。

他们一上来就说喜欢，若有女子因为听到他们说喜欢就觉得满足了虚荣心，那么就是上钩的第一步。而这些打着喜欢的幌子四处猎艳的男人，问的问题根本就没什么意义。

他们的喜欢，只是一句口头禅，类似“你好”一般没有分量。

而那些真正喜欢你的人，不会有那么多问题。他们更倾向于默默关注你，了解你。除非你藏到谁也看不见的角落，没有一点儿动静没有一点儿动态。否则，你的空间有多少日志，他们都会从头翻一遍，他们会关注你发的每一条微博。

然后，他们一语击中你的心事，你的性情，你的苦乐悲欢，你的所思所想所向。那样的人，他不用说喜欢，你已感受和明白那就是喜欢。他们的喜欢，在行动上。而那些随口说喜欢的人，他们不懂得如何喜欢一个人，他们的喜欢你看不见也感受不到。

黑人牙膏的爱情广告

他16岁那年，就喜欢上邻家女孩。父母是朋友，两家来往频繁。出入学校时，两人常结伴而行。早上等她的时候，他发现她刷牙时，总会用黑人牙膏。

开始以为只是她家人买来后，她跟着用而已。看得久了，便也好奇。问她，我家牙膏总换牌子，你为何只用那一款？

她笑，喜欢啊。黑人的牙齿都很白嘛！

她的冷笑话并不好笑，但他还是迎着她的笑脸一起笑了，心里记下了她的又一个生活特征。于是此后，他开始不用家里母亲买回的牙膏，而是自己去超市专心挑了最贵最好的那一款黑人牙膏。

他想，她一定也是喜欢一口洁白牙齿的男生吧！

但是，暗恋还没有勇气发芽，她就举家搬去外地了。他怅然若失，那份一个人的初恋，便也就此无疾而终。只是此后多年，他一直没有换过牙膏的牌子。

后来，有了女友。女友用的牙膏牌子没有固定，还告诉他说，偶尔换换牌子有好处。虽然她也说不出什么具体的好处来，但他知道也许是有道理的。

可是，他习惯了黑人牙膏的味道。

在他的坚持下，女友依了他的习惯。在一起后，随他一起用了黑人牙膏，最多换一换不同的味道和功效，却是再也没用过别的牌子。

这一用，便是好几年。后来，女友还是嫌弃跟他在一起生活看不到未来，然后毅然决然地离他而去了。

他说不上有多悲伤，只是有些失落。却是不久后，他那青梅竹马的人回来了。

他们没有刻意掩藏或回避曾经的爱恋，他坐在那初恋的面前，发现自己仍然心如鹿撞。以为时过境迁，彼此只是朋友和旧邻居，哪知越来越发现，两人不仅默契而且看待事物的观点也都一致。

他先是对已经分手的前女友有点儿负疚般的庆幸，后来便坦然跟初恋在一起了。当然，他们从此可以一起用黑人牙膏刷牙了。对他而言黑人牙膏是一种从未放下的初恋情结。那情结，叫作爱情。

是那分手了的前女友，虽然跟了更有钱有势的男人，却依旧没有改变用黑人牙膏的习惯。她或许并没有多爱曾经那个一起用黑人牙膏的人，只是对她来说，这已然成了一种习惯。

爱情里的后遗症还有很多，不爱，也可能会延续习惯。于是，这款黑人牙膏，也由爱情来做了一次广告，而且分文不收。

如果没有回忆

M 说，我不爱他了，我想分手。

朋友问，你曾经不是爱得发誓要生死相依、不离不弃吗？

M 说，说过的话可以不算。

朋友又问，你不是前不久还在跟我们讲情人节你俩一起看电影，他送你鲜花你送他领带，空间还贴各种亲密照片秀恩爱吗？

M 说，有吗？我不记得他有送我鲜花我送他领带了。

朋友说，你这是有新欢了吧！

M 沉默，说我爱这个新欢，我跟他认识到现在不到两个月，但经历的浪漫美好和心动胜过两个世纪。

朋友以各种鄙视的目光看着M道，等到几个月或几年过去，你也会想不起这两个月跟新欢有过什么样的浪漫吧！

可见M此朋友，亮如火炬的目光，犀利如刀锋的话一语中的。因为事实的确如此，M此时觉得不爱旧人，是因为她现在记得的，是跟新欢的点点滴滴。

虽然只是两个月，但却是刚刚发生或正在发生的美好。记忆会清晰如昨日。会记得相识时每一句话每一个表情每一天做了什么去了哪里。可那旧人，一起走了那么久，一起经历的事也太多，回忆起来也会很费力吧。又或是，一不小心还会想到跟他吵架打架或是闹过的所有重大不愉快事件。如此一来，便更讨厌了不是。

其实谁都知道，每一场心动和最初的恋情，都会让你觉得每一秒都很美好。你可能跟他只是聊了一整天的闲言碎语，你却记得很清晰，觉得很愉快。你们可能约会时只是散步，却走到腿软都不觉得累。你们可能只是坐在路边摊吃了简单的小吃，却觉得是世间美味。TA可能本来很普通很平常抑或是很招人厌，却在最初的时光里，给了你一个光鲜美好的印象和表现。

所以此时，你想起跟这个人的事，就在眼前，正在发生，就在昨天。于是你说，我在爱，我爱上这个人了。

但凡你要努力回想一下跟旧人曾经相识并初遇时的情形，就会发现原来场景感觉也大同小异。你们曾经在那些琐碎的相处里，爱上了对方。可是天长日久，你们的爱情被时光磨去了颜色。你变得不愿回忆那么久以前的事了，你的记忆里掺杂了许多你们之间的不愉快。

你厌了，倦了，也腻了。于是你忘记了回忆你们走过的美好。也就因为忘记了回忆，你觉得你不爱他了。

其实爱情不论长短久远，靠的都是回忆你们走过的每一个昨天，你们在一起的点滴。他给你的那些美好和有关爱情的语言、表情、行动，都需要你不断回想回忆。想起来，才会觉得你们相爱、你们还在爱。

而那些再次遇到的一见钟情或是新欢，不一定都是美妙的故事，有可能只是一场激情。你若记性好一点儿，就不会去忘记旧人与你在一起的时光。你要一路不断回忆你们走过的甜蜜，才能感受到你们之间的爱。

因此，若你跟一个人没有回忆，你的确可以问自己：我为什么要爱他？

冰人的爱情

她发个图片给我，上面坐着个透明洁白的冰人。她说，只是想告诉你，生命很短暂。

我说，那么如果生命是这样，你最想做什么？先要做什么？

她说，珍惜拥有，孝顺父母，向喜欢的人告白，赶紧向爱的人说情话说爱他，或是马上出发去旅行……诸如此类及时行乐及时行善及时去爱等。

另一位有创意的朋友说，我得先射太阳。

为她的思维叫了好，的确，解决那个对我有威胁的东西，然后保全自己。是个办法，但是太阳不容易射下来，而且就算真没了太阳，冰人仍然会慢慢融化掉。

那么，由我来想想，要是我变成了冰人，首先想做的会是什么？片刻后，我确定我是得先找个冰库或是冷冻室住下来才对。

因为我得先活下来，活下来了，我才有办法思考或行动，才能去做后面的事。毕竟，我还是有办法先活下来并且活得更久些的。

那么把冰人的思路用到我们普通人的爱情上，会是个什么效果呢？

如果我们都变成了冰人，一定要先想着保全自己。不能站在太阳下人世里四处去找爱情，更不能不顾一切扑向太阳一般火热的爱情，如果我们在太阳下找了跟自己同类的冰人，然后毫无悬念地爱上她，但我们就算把这个爱人抱得再紧，自己也会很快融化消失掉，并且对方跟自己一样同归于尽瞬息消失。

所以，我们不管想要恋爱还是想要做个美丽的冰雕，要做的，都是先找到冰库住下来。到了那里，你会发现，在那里，你在力所能及的范围里可以做点儿什么，比如做个冰雕的原型，或是在冰库里当个搬运工人。

总之，我们可以做点儿有用的事并且不用为如何生存下去而担忧。这里，有人会发现和懂得你存在的价值。这里，也有很多你的同类。你要找的爱人，会被自动送往这里。或是他也跟你一样，为了生存而自行前来。你发现在这里，你更容易遇到与你相同属性的人。然后，你们的爱情可以悄悄地，慢慢地，长久地继续下去。

也许你们等的时间比较久一点儿，但你们可以活得久一点儿，也更淡定从容一点儿。而爱情无论对冰人还是对人，其实都一样存在这个道理。那就是你找对了自己的位置，并且做着自己能做的该做的事后，那个跟你同属性的人就会到来。然后你们自然相爱，默然相亲。存活和恋爱从此两不误。

所以说，你得先找准你能相安无事存活下去的位置，才有权利和机会说爱情。

痴心有罪，薄情有理

关于痴心，自古便用情深来诠释。但看看寒窑苦等薛平贵的王宝钏，倒是落了个烈妇贞媛别开生面的美名，却只是与丈夫相见后18天就撒手人寰，甚至还记载了个死因不名。

可那多年未归的薛平贵，早娶了美丽又有地位的春花公主。看似是无可奈何，其实无非也是难敌诱惑和更好的选择。至于那所谓伊人，有良知的男人不过是有些愧疚而已，少则悄悄接济个生活，多则送个书信。

18年的苦盼，王宝钏终于走出寒窑，被接入薛平贵府中。有人写道：薛平贵有了王宝钏与朱邪春花两位妻子，两个人不分大小，平起平坐，相处得甚为和睦，'王宝钏终于有了一个美满的家庭。可仅仅18天所谓的荣华富贵日子，女人便死了。为何？

其中苦难心酸，冷暖自知，什么平起平坐不分大小。苦等了18年的人，从未告知自己另配佳偶的事。也就是那一厢痴情，才抵了多年的风雨苦楚。今日一见，却是这般光景。而所谓的“夫妻相见，直从正午呜咽流泪到黄昏”。则是男人觉得对不起旧人，女人觉得冤枉罢了。看似换来情深未被抛弃，实则女人心已凉如冰。

原来当你痴情苦等时，那人却在灯火辉煌处与别人翻云覆雨自得其乐。那不光是痛苦，还是屈辱。所以，一死白了，这一生最好的时光，原来也就这样浪费了。留个空壳美名在世上，任那些不懂究竟的人传为美谈去吧。

这样看来，痴心也就是一个漂亮的伤口。展示给人的是美谈，疼痛却是自己的。

若说古来痴心和贞洁大多是身不由己、受了限制和歧视的女人的苦。那么到了今天，就不要太迷信所谓痴心换情深了。你等的人，是不是也在等你？是不是也急着想回到你身边？还是他的心跟你在一起，人却跟另一个人在一起了？当然，都是有理由的：慰以寂寞、现实因素、利益关系等冠冕堂皇的理由说得一把鼻涕一把泪，末了最有用的一句话是：我爱的人是你，我心里只有你……

好吧，女人是个听不得自己喜欢的人说“我爱你”的物种，从而就因这种表达而失去理智和分辨。不然你也试试身体跟别的男人在一起，然后告诉你等的那个人说：我心里只爱你。你看他会不会马上顺手把烟缸扔到地上，然后在另一处大骂你贱人。

反之亦同，也有男人痴心等女人的。等可以，不过小心在对方的甜言蜜语里将自己弄绿了。抱着一颗说是留给你的心，是活不下去的。爱情，还是得身心合一才有意思。

所以当你知道那人已不是当初那人时，不要继续痴心了。你的痴心还有可能成为对方的负担，也许他正愁着爱上新欢，却又假装道义对你负责任。这种责任，对不爱你的人来说，没有意义。那么不要也罢，既然养得活自己，不要他的责任也罢。

别骂那些分手后很快开始另一段恋情的人，比如嫁了李亚鹏的王菲，比如嫁了曹郁的姚晨。你大概会想，不是那么爱前任吗？不是爱得刻骨铭心吗？怎么还没撑个三年五载就另寻新欢了？那样的薄情，是心清目明。因为在负你的人面前，痴心有罪，薄情有理。

时光不等人，青春不等人，所以你若无心我便休。有些痴心守道，是自己给自己判的罪。别管别人是否论你薄情寡义，让自己幸福快乐才是王道。

王子只爱漂亮的灰姑娘

他是有钱人家的孩子，但从小善良真诚，待人平心静气，从来没有仗钱财之势的情况。

上学时，他跟班里的同学相处得都很和睦，没有帮派，没有圈子。没有贫富之分，也没有美丑俊陋之别。

他是一个有爱心、有正义的男孩王子一般。他身边什么样的朋友都有，她也是他朋友里的一个，他待她更不一般。他们从小就认识，只是她住在一般的小区，他住在富人区。两个小区相隔不远，他常常拒绝家人开车送他上学，只为了跟她这个朋友一起走路或坐公车去学校。

投缘的原因很多，比如共同的兴趣爱好、共同的话题和观点、相似的性情和想法。就那样似乎是青梅竹马般的长大了，在别人眼里，区别却大了起来。他越来越英气逼人，她从小就长相一般，长大后不仅没变漂亮，还成了一个胖姑娘。

他在生活上学习上给了她许多帮助，有心事也会与她分享，但他跟她一起上学下学的时间慢慢变少了，因为他恋爱了。女友也是班里家境贫寒的姑娘，但布衣素妆掩不了清秀可人的长相。女孩沉默寡言，像只温顺的小猫。此外，没见到什么特别出众的气质。

至少，除了长相，那女孩跟他身边那个铁哥们一般的她没有可比性。而她除了外表不够迷人，才情和内在的东西，一直是跟他心灵相通的。尽管如此，他还是落入俗套，虽然也是喜欢了灰姑娘，却是选择了漂亮的灰姑娘。

如此看来，灰姑娘之所以成功得到王子，是因为她漂亮。而漂亮，成了俘获人心的最大优势。

再看影视剧中，被垂青的贫民女子，有几个不是漂亮的呢。就算不漂亮，也最多只是有些胖。说来说去，外表还是占了上风。而那些贫苦的丑姑娘，有几个被又帅又多金的王子拯救垂青过呢?

人们口口声声要看内涵，不能只在乎外表。看吧，一个“只”字就暴露了真相。我们看了内涵，还是要看外表的。不是倾国倾城，也得对得起人。有更过分的说法是：虽然长得不好不是问题，但问题是长得不好会让人吃不下饭。事实如此残酷，王子只爱漂亮的灰姑娘，便也成了人之常情。

幸福有时是现场

女人有点儿小姿色，待嫁时，在公司无视一堆送花送钻戒的男人，选择了一个对她不怎么上心的清高男人。男人外表出众，却待人接物孤傲冷漠。

女人觉得视觉和面子才是重点，仿佛征服也是乐趣，这样才能证明自己的魅力。男人从头到尾都像温开水一样，被动但又不彻底的凉。抑或是对于美貌，没有几个人愿意刻意拒绝。

于是接受了女人的示好，后来竟然也步入了婚姻的殿堂。带着那样英俊的男人，女人的虚荣心也极度满足了。至于是否幸福，唯其自知。

不过两三年时光，男人便重逢了大学时的旧情人。好似活过来一般，男人意气风发，不再冷若冰霜，仿佛对门卫大爷都热情了许多。女人发觉这种异常，才不得不承认自己早知道男人并不是天生性冷，而是心里藏着某个人。

后悔已是多余，孩子已经乖巧地在男人的爹妈呵护下一天天成长。两人各自工作稳定，房车齐备。想起离婚，便又觉得不甘不妥。且男人虽有外心，却仍是按时回家，按时上交工资，按时去看女人的父母，陪女人约见亲朋好友。

女人也不想张扬自己心知肚明的那份被背叛，便把那份被压制的骄傲放到别处去提升找回。很快，便接受了一个一直对自己没有死心的旧日追求者。

只是那第三者，也早有了家室。第三者对女人山盟海誓，柔情蜜意，却是怎么也不提与她重组家庭之事。

女人在与之亲密厮缠的同时，不免有些许失落。在面对回家假装好父亲好丈夫、心却在外面的老公时，自然也有长长短短数不尽的失落。女人的失落都藏在心里，唯有在闺蜜面前，才卸下虚荣心和面子，流泪诉说自己的委屈。

某天女人觉得身体不适，去医院一查，医生说心律不齐。女人不知这病有多严重，一时无措，哭着打了电话给老公，又哭着打了电话给情人。结果，两个男人都不约而同地表现十分紧张，都说马上请假来医院，让她不要害怕。

女人挂上电话，一边想如何不让两个男人碰到一块，一边望着身边的闺蜜，笑得像花儿一样开心。女人说，原来他们都在乎我……

闺蜜是明眼人，嘴里陪女人同乐，心里却明白情人和老公不过都是觉得愧对于她才紧张。当然，还有一种解释，就是相处久了的情侣，都会变得如亲人一样。既然是亲人，生病了当然会在乎、会紧张。若你病个三年五年、十年八年，他们一定疲惫松懈下来，不再那么在乎了。

有时所谓一辈子的幸福，只是我们自己安慰自己。幸福常常是一个片段，像剪辑好的镜头一般，是一个一个零碎的画面。

想要一辈子都幸福实属不易。于是，我们只好抓紧现在的幸福。

Part 2：如果他不爱你

这世间，无论你多优秀或多差劲儿，都会有人不爱你。在爱情里，我们常常是有心无力。他不爱你，你拼了命为对方挡刀剑也没用。当然，他也有可能假装爱你。但无论怎样，在我们还未相爱之前，擦亮自己的眼睛，不要欺骗自己的心。若对方爱得无杂念，爱得真切，就去爱。若他不爱，也不要怨愤。他不爱你，不是你的错，也不是他的错。只是，你们的磁场不同，不会恰好相爱罢了。

如果他不爱你

她是开朗大方、美丽优雅的女子。工作体面，家世清白，像一块儿光滑干净的彩色绸缎，在阳光下闪闪发亮，却迟迟没有恋爱，当然不乏有人明里暗里的示好追求。明里的都被她婉拒了，暗里的她也不会有闲心去发现。

无论哪一种，都不会在心里留下任何涟漪，只因，心里装着一个人。

那个人，在青春年少时，就钻进了心里。校园里追寻他的身影；纸上写满他的名字；手机里存着他的照片；空间里，他是她唯一的“特别关心”；微博里，他是她唯一的“特别收听”……

但如此种种，却应验那句话：再优秀的人，也会有个人不爱你。

他便是那个不爱她的人，他不是不知道，只是不想知道她的心意、她的心思。面对她多年的特别关注，他表现得很淡漠。她觉得委屈，处处追问为什么？问急了，他便说，你不是不好，只是我不喜欢你。

那句话，年少时他就说过。她以为是自己不够好，多年来奋发向上，把自己变得更优秀、更动人。可那个人，仍然不爱她。

她最后一次追问他具体原因时，他只好耐心地解释："我要的爱情是种感觉，是一眼即心动的感觉。而不是外在的种种好，如果我爱，那个人是什么样、优秀与否都不重要。但你那里，没有我要的感觉……"

他的解释，在她听来还是像一个借口、一个推托。这大概也是她一直不肯死心的原因。她的人生，因为爱上这个不爱她的人，多年来饱受伤心难过和委屈。

其实她不知道，他说的是真心话。

爱一个人，有时无关你身上的光环和叠加的东西。你是公主或天仙，王子或骑士，都不会让所有人都爱你。因为每个人心里，都有一个爱情的样子。他喜欢的，在你身上找不到。那么你其他的优点对他来说，都是无足轻重的。

那么，若有人不爱你，你为什么要悲伤？

你只是不符合他要的爱情的样子，就算你知道他要什么样子的爱情，你也不要刻意变成那个样子。所以当有人不爱你时，不要怪他，不要追问，也不用刻意知道他想要什么样的人，然后把自己改变成他想要的样子。

做你自己，你现在有的，一定有另一个人会喜欢。

有句话说：如果你愿意，我就喜欢你；如果你不愿意，我就单相思。

我们可不可以不这样，我们可以说：如果你愿意，我就爱你；如果你不愿意，我就爱别人去了。

因为爱情里最好的事，是我爱，恰好，你也爱。

承认爱上你是错

他爱了她很多年，不离不弃，不远不近。在她可接受的范围里扮演发小、邻居、同桌、同学，甚至同事等诸多身份，却唯独无关爱情。

他明里暗里的爱，她一直不肯接受。他猜测的理由，无非是嫌他不够高大帅气，不够成功耀眼。总之，她眼里看到许多人，唯独不怎么愿意看到他。

有时候，他看着她选中的那些男友里，觉得他们人品并不好，除了比他帅，他找不到别的优秀之处能够配上她。而她，却为那些人受尽了煎熬。他看着很生气，却无话可说，毕竟，自己也是为不爱自己的人在难过。虽然，他不承认自己也是爱她的外表。

尽管多年来，她一直拒绝他的爱情。但他还是不肯转头离开，不肯把目光放到别处去。在他看来，自己把这份对她的痴情藏得很好。在朋友家人面前，他只是说要努力工作，或是假装说不想恋爱，还没有想好要结婚。

借口种种，只是为了掩饰自己爱的是一个完全瞧不上自己的人。为此，他每次对她表白遭拒后，都会记得叮嘱她说，至少，不要让别人知道我有多么惨吧……

她每次都保证，不会告诉任何人。她知道，被人执着的爱着而自己又不想、不能接受，并不是一件值得炫耀的事。所以，对于他这些年的狂热追求，她真的守口如瓶。

25 岁那年，他遇到一个跟他和她同村的女同学。那女生说，其实，你从小就喜欢她，我一直都知道。或许大家都知道，只是大家也知道你一直很骄傲。那么你想一想，一直痴心于她，是不是真的有多爱？

他静静地坐着，看着窗外风里摇摆的叶子。心里突然空荡荡的，原来，自己虽然年纪不小，心态却一直不曾成长。的确，他并不是有多爱那个人，只是他一直在班里在人群里是骄傲的，学习成绩是优秀的，他也是被人追求被人捧着的，却唯独有那么一个她，不肯在他面前低下头来。

所以，他的心结，只是因为放不下骄傲。一直不肯承认自己爱错了人，一直不肯承认自己在这场爱情里是失败的。如今他发现，那些过去因她消耗的时光，是自己明知故犯的错。而成长，很多时候是要先学会认错和认输。

别在机场等船

高一那年，他就喜欢上班里的她。她小巧玲珑，大眼弯眉。她成绩优异，开朗阳光。那样的她，身边自然有不少喜欢她的人。而长相普通、学习一般的他，是怎么也入不了她的眼的。

于是这喜欢，便只是他一个人的事。比如悄悄往她抽屉里放好不容易买到的乡村特制小吃，当然，这是他费心问过她的朋友和闺蜜后知道她爱吃才放的。有时，他会采一束野花放进她的抽屉。小朵小朵的野菊和野棉花，不知要比玫瑰多了多少气质和美好。他眼里的她，就是那样清清淡淡，又散发着不尽清香的美好。

如此种种，他怕被人知道，所以做得隐秘。他也不敢让她知道，也许知道了，她就不会再理会他了。因为在做那些的同时，他是以一个普通同学的身份出现在她眼里的。他请教她不会做的作业，没事找事地问她些自己懂却假装不懂的问题。他不确定她是不是知道自己喜欢她，她的态度不热情，也不冷淡。

但是聪明的他知道，她不喜欢他，因为她从不正面看他的眼睛。喜欢一个人，很多语言，都是从眼神里流露出来的。其实他一直在骗自己假装不知道，其实，她是有心仪的男生的。

可他的关爱依旧，直到毕业后各奔东西，长大成人，他辗转听说她跟高中时喜欢的男生在一起，后来又情变分手。多年后她历遍风雨又遇到他，彼此都还孤身一人。他终于鼓起勇气表白，她却还是拒绝了。

她说，其实上学时我就明白，谢谢你，对不起……

她说得婉转，但他听得明白，言下之意她感动，却还是不爱他。

他便以老同学的身份，不远不近地关心她。嘘寒问暖，大到帮她搞定一些经济和现实里的难题，小到帮她换灯泡修马桶。他假装坦然以老同学的身份出现，不再提喜欢与否。

终于，她是有些感动了。年纪也都不小了，于是试着接受他，开始交往。

不过半年时间，她曾经爱的人回头找她。她不知如何是好，面对他时，心不在焉、欲言又止。

他知道，她想说分手，她想要离开，她还是不爱他，其实她从未爱过他，而那感激，又怎么能算是爱。

他放手让她走，笑着说祝福，心下却凉了一片。一回首，从高中喜欢她开始，他就没再对别的女孩动过心，甚至都没有留意过是否错过了真正对的人。如今时光溜走那么多，他还在岸的这一边，怎么也去不到海的那一头。

就好像他一直在机场等一艘船，而这样的等待和坚持，从一开始就毫无意义。

跳来跳去的兔子

她到一个小镇采访，工作完后一时赶不回市区，于是寄宿陌生旅店。夜半失眠无聊，她随手刷了微信里附近的人，然后选了个看上去年轻斯文的男头像来聊天。

朋友说过微信是个危险的游戏，大多是寂寞男女用来约会一夜欢愉而已。捡来的人，有可能是牛皮糖，有可能像罂粟。她心里有戒备，但也有好奇。所以隐瞒自己所在具体位置，跟对方玩一场只是聊天消磨时间的游戏。

游戏过程并不精彩，男人并不善言谈。说来说去，只是拉些家常，没有具体内容可记住。只是结束时，居然鬼使神差交换了 QQ。大概是没有闻出什么特别危险的气味，便也就随便一加。

如此，就有了后来。只因她跟前男友刚刚分手，伤口依稀，不稳定情绪时常突袭而至。所以在醉酒的日子，她接起了那个微信男人发来的 QQ 视频。视频里，男人有微微笑意，年轻，稍稍有些腼腆。她更确信男人无害，便放松自然。因为她知道，不过是路人。

男人的头像是个兔子，她便从此叫他兔子。这只兔子开始在她生活里跳来跳去，只因那次视频后留了电话给他。男人会偶尔打电话来，叫她吃早点，叫她出来坐坐。见她总是拒绝，男人误以为她不喜欢太老实的男人。于是有时言语开始暧昧。

她便又有了防备，想来男人这种动物就算是正经老实，估计也是伪装，所以更加逃避。但无数次不接电话，不回复 QQ，也没挡住男人继续联系她的脚步，直到她带着莫名其妙的心情去见了他。

男人很年轻，甚至有些害羞，不敢正视她的眼睛，不怎么开口说话，跟网上判若两人。她的防备又卸了下来，觉得他也许真的只是只可爱温和的兔子。于是不再排斥他的继续联络，也偶尔应邀去见他。

渐渐觉得与他相处轻松自然，平和舒服，没有不舒服，没有不安。于是也主动在网上跟他打招呼，每次他都热情回复，仍然玩笑戏语，但自此却不再主动叫她。她觉得疑惑。进了他的空间，看到锁住的相册，轻易猜对密码进去。果然，有女孩子抱住他的腰拍下的照片，日期显示，不过是前不久。

女孩子跟她完全是两种类型，除了年轻，没有别的内容。她关掉相册，删掉 QQ 上他那只兔子头像。原来，他真的是只兔子，只是早被别的女人圈养。只是见她出现颇为新鲜惊奇，于是跳出笼子与不肯打开心扉的她周旋。当她要伸手前去捉住兔子耳朵时，他又受惊地跳开了。

每个人的生命里，都会出现很多这样的家兔子。他们或许被圈养的久了，有些无聊有些寂寞，于是见到有新人出现，便四处跳动引起你的注意。但当你表现出要得之的样子时，他们又急忙胆小地跳回了笼子里。因为那里，是他们待了很久并觉得安全的地方，有食物，有保障。

所以遇到兔子男人时，不用区分他是家兔还是野兔，都不用追上去。因为野兔不会让你追上，而家兔，只会作势跳来跳去，然后回到原来的窝里。

你不用太好，我喜欢就好

有没有看过《暮光之城》《吸血鬼日记》或是《千机变》，是否觉得里面的吸血鬼很帅很温柔很迷人？但是，他唯一有点儿不好的地方，就是吸血。

因为他要吸血，你还是有点儿怕的。你还是不喜欢他会吸血。所以，你看着女主角冒着生命危险跟他恋爱时，只能在屏幕外热血沸腾各种羡慕。但凡真的你身后站着个高富帅吸血鬼，你敢爱他跟他在一起并且无条件喜欢他吗？

想必，也只是说起来轻松，看上去美好，真正做起来却百般难以取舍吧。

现实中呢，你遇到一个什么都好的人。可是他坐过一次牢；或是他因故离异；或是他犯过羞于见人的错误；或是有一段不光彩的曾经；或是他现在还是个见不得人的角色或身份。但除了这一点，他对你温柔体贴，他对你无微不至，爱得深似海，像永远永远不会改变一样，像眼里只看得见你一样。

这么好的事情，哪里去找呢？可是，你还是对他那点儿不好的地方耿耿于怀，不知如何取舍。你一定辗转反侧，左右为难，想过许多如果。如果他没有那一点不好该有多好，如果他不是那样的身份该有多好……

这样的时候，你是不是应该冷静下来想想。他凭什么需要那么完美无缺地出现在你面前，并且无条件爱你？你又凭什么还要求他一点儿缺憾都没有？

人们总是会遇见许多自己欣赏、喜欢、爱慕或是想得到的对象。却发现，这个对象身上有一处不容于世俗，不被世俗或你接受。这时候，有的人选择接受好的也得接受那不好的。当然，这是明白人。但终归还有一些人，会因为这一点坏处就将其列为避而远之的行列。

其实，哪来的绝对好人或坏人？哪来的绝对好坏之区分？而且，一个太好太完美的人出现并且那么深爱你，你不会惶恐自己何德何能遇上那样的人那样的爱情？如果是我，我会，甚至会觉得这一切是梦境，也大概会患得患失。

于是我会想，你身上那些我并不在意的好，没有也罢。你有了，反倒是让那些在意你那点好的人不断窥视。因为我不在意的那方面，坏也是好。我在意的那方面，好也可能是坏。所以，还是不用你太好，只要我喜欢就好吧。

他出现的原因

她经历复杂，无论情感历程，还是生存历程。自小因贫穷而自卑不阳光，性情孤僻不合群。沉默寡言，亦不撒娇不说蜜语不讨巧。越是如此，越被周遭无形孤立。于是常常招来伙伴欺负嘲弄。独自抹泪的时光里，她只好拼命在书本里找陪伴和寄托。

于是，那些书本让她心思更加细腻，并早早动了懵懂情愫。初恋过早发生，只是对望一眼都觉得慌乱的情形而已。却很快便因年少、性情怯懦、含蓄而产生诸多误会。最终，弄得一颗清澈透明的心遍体鳞伤。从此，不再总是往后退，而是变了个人一样迎着这世界走去。

不管伤痛，不管困难，无所畏惧过了许多年。唯一没有变化的，是那颗多愁善感的“黛玉心”。只是又在看尽世间繁华虚幻后，增添了些更深刻的思索。没有能言语的人时，她将所有心思转变成文字，扔进网络这个五彩变幻的大世界里。

渐渐有了诸多网络朋友。有位贴心姐姐见她终日文字忧伤透着悲凉沧桑，上前安慰她说，别这样晒你的脆弱，这样会吓跑那些爱慕你的男人。这样，他们会以为你很难对付很难相处的……

她沉默半晌，觉得这话似乎有道理。但转念想想，似乎也不是那么回事。她记得韩国电影《雏菊》里有句话说，爱一个人，就是要承受 TA 生命的碎片。

而她的生活从头到如今，就是由许多碎片组成的。那些碎片让她受过伤，让她痛过、笑过、哭过。若有个人读懂她的心酸心疼，如果那个人爱上她，就会随之爱上她的美好忧伤。就应该跟她一起拼接那些生命里的碎片，然后给她温暖的笑，温暖的怀抱。那样的人，才是她要等的爱情。不然，他出现的意义是什么？

当然，她清楚知道自己并不难缠亦要求不多。只是希望有个人看穿她的脆弱和倔强的坚强，然后牵上她的手说，只要是你，怎么样我都爱……

那个真正会爱上她的人出现的原因，就是因为看到她如此悲伤后，情不自禁想要去心疼她。

有一种爱情，是来自灵魂的救赎。当一个人灵魂孤单挣扎，却不肯为现实妥协时，需要的是另一个懂得的灵魂靠近，然后彼此照亮。出现的那个人，会看懂你忧伤背后那颗需要抚慰和疼惜的心。否则，他的出现，也许只是为一份实际而现实的婚姻，或是一段没有担当只为欢愉的情事。

愿意被你感动的人

有人说，同情不是爱情。TA 今天可以同情你，明天也可以同情别人。

也有人说，感动不是爱情。若 TA 真的爱你，你不做什么也会爱。

其实不然，世间需要同情的人那么多，你为什么偏偏同情了那一个？因为你看着 TA 不幸时，你会心疼。你舍不得让 TA 那么难过那么悲伤。你愿意跟 TA 在一起同甘共苦，并肩作战。这也许是同情，但是你选择同情的那个人，其实也是你爱上或可以爱上的人。否则，你若心软心善，会有无数人等着你去同情。那样，你爱也爱不过来。

再说感动，A 说他曾爱一个女孩爱了七年。从高中开始，她便是他的梦中女孩。睡不着的夜，走在校园里，在她出现过的地方四处流连。远远看她寝室的窗户，远远看她的教室，想她的脸庞，想她的笑容，想她的种种美好。

他也为她写情书情诗和日记，再忙的日子，都不忘为她写下只言片语。可她根本不屑他的爱，他递上的情书被她默默扔掉。他写的情诗，她大概也从来没去看过。面对他表现了那么多年的殷切和执着，面对他为自己做的种种琐碎关心和关爱，她从来不曾接受和回应。

仿佛，他爱她，跟她全然没有关系。

后来，他终于死了心。因为无论他做多少，怎么做，她都没有反应，哪怕拒绝和责骂也没有。在她眼里，他像不存在一样。他说，也许他为她挡了子弹，她也不会因此而感动。

原因只有一个，她丝毫都不喜欢他，更别说爱他。

他气愤她连一个机会也不给他，直到爱到自己心里山穷水尽然后不得已抽身。

后来，他遇到另一个她。他觉得她也是那类不会喜欢上自己的人，所以不谈喜欢和爱情，要与她做朋友，只是想与她聊聊天。她没有拒绝，虽然看上去，她也并不是很想跟他聊天。

但她有理会他，这样的理会慢慢变得频繁了起来。慢慢地，她似乎在他每天道的晚安早安里内心温润起来。他感受到，她开始喜欢上他。然后他表白，她也表白。他很欣喜对她说，谢谢你给我这个机会。

她说，这也是给我们彼此一个机会……

他终于明白，能被自己感动的人，其实一开始就是对他心存好感并且可以爱上自己的人。而那些根本不想喜欢你的人，你无论做什么也感动不了她们。这就像你要唤醒那些装睡的人一样，既然是装睡，你叫得再大声，TA 们也不会醒。

所以，把你的爱和付出，交给那些同情你或被你感动的人。因为能同情你和被你感动的人，的确就是可以爱你并且会爱上你的人。

戒备的爱不幸福

她天生是个情种，早熟加早恋。结果第一次恋爱就因种种误会和年少的天真而导致背叛和伤害。年少的心像玻璃一样，在失望和现实的残酷面前碎了一地。

也仿佛就在那一刻，决定了她在此后成长岁月里的爱情观念。天生是多情又美好的女子，一路上仍然会遇上不同的追求者和情感际遇。但每一次，她都怀揣着犹豫和戒心。爱情里的信任，对于她来说很难。她多疑又敏感，容不得恋人行动上一点儿可疑的蛛丝马迹，容不得一粒哪怕是飞过来的沙子……

她的爱情路上，总是痛苦多过欢愉。因为在没得到前，她会进行许多憧憬和考察，得到后却又总是担心失去，担心背叛，担心欺骗，怀疑是爱还是欲求？怀疑自己是唯一还是备胎？是永久还是过客？

活在这样的忧虑里，她说她在爱情里的欢乐也都是短暂的。猜疑和戒备让她觉得每一个说爱她的人都似乎在背后藏着巨大阴谋和谎言。越是如此，她看世间所有爱情都越觉得像是假象。

这样的她很容易放弃一个喜欢上的人，若觉得对方哪一点不对，就会慢慢把这份情淡下来。比如发现对方和过多看似正常的异性朋友同事交往联系；比如有网络里的异性知己和红颜；比如跟旧情人还有联络；比如在人群里对异性太过热络，都会是她不想碰触的男人。

说她没有安全感和自信，也不完全对。自从第一次恋爱深深受伤后，她的终极座右铭就是："除了我自己，没有人能把我伤害！"因为太清醒，所以她再也没有盲目又深切地去爱过一次。虽然理性的爱情观让她免受一些难以自拔的痛苦境地，却也没因此让她体验到义无反顾爱一场的幸福。

其实任何事情都有两面性，有泪才有笑，有痛苦才有幸福。爱情更是如此，像人的左右心房，一边住着忧伤，一边住着欢笑。如果怕忧伤，就不去欢笑，那么失却的，就是两者都没有的虚无。

爱情里，也没有输赢之分。遇上了就投入地、真切地去爱。只要用了心，总会在一场爱情里体会到真正的幸福感。至于结局，不是我们每个人都能预先猜到的。若总是带着保护壳和戒备心，又如何能触摸到爱情里的天堂呢？

人群中的爱情

他是总公司派来的技术指导，由她接待安排他的工作行程和生活起居。

第一次见面，在人声鼎沸的餐厅里，他表情矜持高傲，让她觉得有点儿不安，担心他不好相处，会给自己带来些烦扰。

第二天，两个人下了大巴再徒步进村。他像变了个人似的，一路上对她关怀备至，路中有个小石头都会提醒她小心。乡下天凉，他见她没有围巾没有手套，便取下自己的亲手给她戴上。那一刻，她看到他眼里的温柔，听到了他声音里的亲切，心里微微泛起了些涟漪。

因为一些工作上的问题，他们没法当天返回，只能临时住在公司搭建的工棚里。那是看守药材园工人的房屋，只有一间，一张木床，一些脏得看不出颜色的被褥。几把破旧的木椅，一个烧木柴的火炉。没有自来水，水井离得还很远。屋子里少量的水装在塑料桶里，不敢随意使用或浪费。

她自小在山里长大，这一点儿苦倒是不在话下。倒是他，来自大城市，听说家境不错，从小养尊处优。她担心他吃不消，夜里将床让给他睡。他跟她推辞很久，想着白天还要去药材园做指导，只好依了。睡前他把自己价格不菲的棉衣脱下来裹住坐在火炉边的她，又把凉了的饮料拿到炉火边烤到温热递给她……

后来的几天，他们仍然没法回城。那些天里，他们相依为命，早晨他会为她挤好牙膏，夜里为她拢好衣服，烧好炉火。就连泡面，也是他动手的。闲时，他们坐下来聊天，总会有讲不完的话题，愉快而和谐。他的笑容，他的体贴，让她的心动了又动，仿佛就那样在患难中简单又纯粹地爱上了。

回城后，在公司见到他的那天，他忙着跟领导和诸多同事打招呼和说工作上的事，几乎没跟她说一句话。只是中途目光遇上，他微微笑了一下。那个笑，让她觉得像是最基本的礼貌而已。

那晚，公司为他办了个小小聚餐。席间他仍然跟她没有任何交集，人潮散去后，他才联系她来找她，顺便带了花来表白心意。她有丝丝迟疑，说不出哪里有点儿不对劲，但还是接受了他的爱，毕竟她也是喜欢这个人的。

恋爱不到两个月，她终究找出了那点儿迟疑所在，那就是他总是在跟她单独相处时，才像是在恋爱。而在人群里，无论是陌生人群还是熟悉的人群里，他似乎都不怎么理她。他在公司里公开了他们的关系，也并非对她不好。只是人多的时候，她感受不到他的独特关怀和爱的表现。

后来，她提出了分手。不是他不优秀，只是她要的爱情，是那种在人群中也不会感受到忽略的爱。因为有时患难和单独相处时，人容易因寂寞和没有选择而爱上对方。而真正让人踏实的爱，也许是在人群中也只看那个人、只关注那个人。

爱上一个人的好处

他是一家房产公司的普通职员，朝九晚五上下班，似乎是一种机械性的行为。下班窝在家玩玩网游，或是跟三五好友聚在一起喝酒抽烟聊女人。

他住的屋子里，自然也是脏袜子满地，脏衣服乱扔，抽烟喝酒，沉迷网游，诸多坏习惯，诸多缺点。

尽管如此，还是有女孩子喜欢他的，不过这对他来说没什么影响，她们是可有可无的存在，他并不在乎对方的来去或感受。日子在浑浑噩噩中慢慢流逝，转眼他就工作三年了。这三年，他回想起来没有什么成绩，也没有什么可喜可贺的事。房子仍然是租的，工作只是混口饭吃，此外没有学到任何东西。

如果没有遇到她，他的人生大概就这样混着混着过去了。

她是新来的同事，并非有多漂亮，但一举一动、一颦一笑都有种让他说不出的摄人气质。她很有亲和力，温婉沉静。他还多次看到她在帮清洁大婶整理垃圾。

目光相遇，他自己的眼里火花四射。生活仿佛就此有了意义，每天再也不那么头痛起床去上班了。有时甚至早早就醒来看闹钟，然后盼着天亮了早些去公司，因为可以见到她。为此很久没再迟到了，很久没再早退了，很久没再请假了。

她的办公桌就在他附近，那角度彼此一目了然。所以他每天正襟危坐，专心工作。她偶尔也来请教他一些工作上的事，作为前辈，他觉得自己应该知道得更多，以防她问起来自己答不上，或是答得不漂亮。为此下班后，他舍弃了玩网游的时间，自动加班研究琢磨了些工作内容。慢慢地工作有成绩了，业绩有起色了，频频受到领导夸奖，他也觉得工作不枯燥了。

但面对清风拂面一般的她，他还是觉得自己不够好。那种好，不是光要对她好，而是要让她看到自己有多好。所以愈发注重自己的形象，注意自己的缺点和坏习惯。工资发了后，不再去 K 歌玩牌泡酒吧了，也不再跟一些想要玩暧昧的异性纠缠了，甚至想着也许她哪天会上家里串门，以至于每天都会把自己的家也收拾得整齐干净了。

这些，她并不知道，可是他却做得很开心。他想，有一天觉得自己够好了，就要向她表白，似乎那样才配得上她的美好。

其实故事到这里，结果并不重要了。他的表白是否成功，她是否会接受他的喜欢和爱，也都不重要了。因为是她的出现，让他挖掘到了真正的自己。有很多人在喜欢上一个人时，会觉得自己不够好。有的人选择消极地放弃，有的人却选择积极把自己变得好起来。如果能这样，那么爱上一个人的好处，已经就大过爱情本身的意义了。

爱情的贼船

他是清高自负的男子，有帅气的外表和忧郁的气质，也有独特的人格魅力和殷实的家境。追求他的女子自然不少，却见他多年来孤身一人，不知是眼光过高，还是心中终有所属。

那一年，他跳槽到一家新的公司。办公室里有很多女同事对他表现出极大兴趣，但他仍是淡定如初，看不出对谁有不同态度。

那些女同事里，有一个追他追得十分用心的女子。女子无论家境还是自身条件，都与他不相上下，且频频为他买名贵礼品。送他阿玛尼的包、金利来的衣服、GIVENCHY的领带、PALPH LAUREN的袜子……

刚开始，他是决然拒绝的。他自然不喜欢让人将自己当小白脸一样对待，但那些名牌时尚的奢侈品却都是他喜欢的。他崇尚名牌，虽然赚得多，却一直觉得钱不够用。父母赚得不少，但不可能任由他大手大脚去追潮流。

于是每次拒绝掉她的礼物后，他心里又会波澜四起、很是不安。原以为拒绝多次就算了，但她锲而不舍，且在物质的攻势下又加入了爱心攻势。比如，每天为他带去精心烹饪的便当；发现他有任何不适，就会及时买来药品；每天关注他的微博，他的每一句话，每一份心情她都了若指掌，并细心抚慰迎合，直到他终于妥协在她的多面攻势里。

朋友都替他开心，也见他手头奢侈品越来越多。问起来，多是说女友送的。语气很是不屑，仿佛只是为了不伤对方的心、勉为其难接受一般。不久后，他搬去了她的公寓，开始了同居生活。

这样看来，他有了出众的女友，并且在物质和生活上都能给予他照顾，自然是幸福了才对，可慢慢从他的言语和微博状态上，发现他并不快乐。

原来那女友一反常态，完全没了追他时的那份虔诚。再也没有做好的便当、做好的夜宵了。饿了，就去外面的餐厅吃。病了，就催促他自己去看医生。礼物也没那么频繁地送了，只是一些重要的节日里，才会随便挑一件给他。最重要的是她根本不愿时刻陪在他身边，常常扔下他，自己出去跟朋友聚会喝酒，玩到深夜才会回来。

说不爱吗？她说还是爱的，可他已经感受不到那份爱了。这时他发现，这份爱就像是一艘贼船，她诱导他上船，以各种威逼利诱的手段。只要他上了船，离了岸，船上的她就变了脸。四下都是海洋，你要跳水呢？还是安安分分待在船上？

或许，他有十分精湛的游泳技术，也不留恋这艘船给过的那些美好形式和甜言蜜语，可以马上跳水游回自己的岸去。也或许，他已经无法回头，只能等那艘船到了下一个码头，再主动将他送回岸边。

未曾相爱过，何来多痛苦

他们一见如故，衣食住行、影音娱乐、琴棋书画，都知晓得不相上下。并且，情趣相投。自然，人生观价值观也相差八九不离十。

这样的情形，对于两个在茫茫人海中偶然相遇的人来说，是十分难得的。

所以，他们几乎每天都不忘在工作之余抽空联络。有时一起坐坐泡壶茶叫杯咖啡，有时也一起去酒吧边饮边聊。周末再相约一起去城市周边爬爬山，逛逛山野，看看稻田。

时间不久，却相处和谐美好。她的心思开始变得不一样起来，虽然原本一开始只是想拥有一个能聊的知己，但人心自然不会停留在最初的起点要求上。走到一定的时刻，便会想着更近一步。

而这次想先行进一步的是她。因为在她看来，他比自己更内敛、更含蓄一些。所以，他们之间那层从友谊到男女之情的网，要她来捅破。

只是她原本以为的水到渠成，在表白喜欢他之后，却成了自作多情。他甚至有点儿慌乱。他说，我从未想过我们要变成男女关系而不是知己朋友关系的！

她愣了。一直以为他跟自己感受相同，会觉得一生难得遇到一个边走边谈并且各方面情趣相当的人。她以为他平时主动联络她，热情回应她，默默关心她，用心关注她，都是喜欢或爱的表现。

结果，不过是落花有意罢了。

她黯然坐下来，有两行清泪。他慌了手脚，不断道歉说，对不起对不起，我真的不是故意让你误会，真的不是有意伤害你让你痛苦……

她用了一分多钟时间止住泪，然后擦干。抬头对他笑着说，不是有多痛苦，也不怪你让我误会。只是我的想象出了错，误以为你的情愫和想法跟我一致。那样，也许就会有一段美好难得的爱情上演。因为我知道你是个愿得一人心白首不相离的人，不会轻易改变。

她说得对，他的确是个只想一生恋爱一次得一心到白头的人。只是，她没料到他要等的那个人不是她。于是，遗憾便在所难免。

他多日觉得愧疚，担心那次道别后，她会痛苦消沉，会伤心难过。却不敢发消息询问，只是从旁打听她的消息。却得知她跟平时没什么两样，既没异常表现，也没有故作快乐或玩消沉。

他不信，偷偷到她公司看她。远远的，见她一脸平静地坐在玻璃窗后认真工作。不时拿起手机看看、按按，还有发自内心的笑容在脸上浮现。

他发信息问她：我拒绝了你，你不会难过吧？过得好吗？

她很快回复：我们未曾相爱过，哪会有多痛苦呢？

他哑然失笑，转身悄悄离开。她果然是内心清朗的女子，虽然想要一份美好的爱情。但深知那是两个人的事情，否则就算你遇到那个你认为跟你十分匹配的人，也是枉然。

那么对方若因对你无意而拒绝，你能有多痛苦呢？若你觉得十分痛苦，只能说明你是因为有挫败感。但一个自信聪慧的女子，不会因任何一个未曾跟她相爱过的人痛苦伤心。

爱情眼

她是性格多重的女子，因为经历复杂，性格里潜伏着许多不能示人的弱点和缺陷。他是聪明睿智的男子。认识他之前，她在众人眼里也算是聪慧的女子，是善解人意的、是温婉的、是善良的、也是优秀的。

后来他们相爱了，他总能一针见血地总结和指出她性格里潜伏的那些暗涌。比如情绪化，比如自私，比如会记仇，比如会管不住自己……他列出的那些缺点，她一一接受了，只是在听他吐出那些不美好的字眼时，眼里会涌出很多不安和迷茫。她开始怀疑自己是否优秀，怀疑自己是否很卑劣，怀疑自己是否自私自利。慢慢地，她搞不清自己在他面前应该如何做了。若她放下工作大老远回家看望父母，来来回回耗去时间和积蓄时，便会想在他眼里，自己的行为是否不是孝敬而是不懂事？若她沉默时，又担心他会认为自己跟他在一起不快乐。若她太开心，又担心他是否认为自己有什么别的值得开心的秘密……

但他是爱她的，所以一直信奉忠言逆耳，一直表现出无论她有多少缺点、多少阴暗面，他都爱她。他这样想，也是这样做的，给她最温暖的笑，给她最专一的守候，给她最完整的爱，却仍然提醒她那些别人看不见的缺点。

她变得无所适从，只是因为觉得在他面前，自己是个透明人。他清楚地看得到她的内心，那些自私，那些偏执，那些冲动和混乱思想。她觉得在他的眼里，自己所做的一切都像带着某种目的。她人性里所有的阴暗面，都被他尽收眼底。她承认自己的不完美，但终是无法忍受他眼里那个越来越多缺点的自己。

她在他眼里慢慢变得浮躁不安起来，不但不知如何更改，反而有了破罐子破摔的举动。她开始无视他的眼光，开始更明显地暴露自己性格里危险的伏流。这样的背道而驰后，是她不断带给他情感上的伤害，爱情也终于在她说累了后戛然而止。

他问："我那么爱你，为何还累？我包容你，原谅你，不计较你任何不完美，难道爱得不够深？"

她却摇头说："在你眼里，我总看到一个一身残缺的自己，却不知如何改变你的眼光。既然你能包容我，就应该让我从你眼里看到有好的一面那个我。只有喜欢上你眼里的自己，我才能坦然在你的爱里幸福下去……"

曾有一句话说："如果你能在一个男人眼里看到你喜欢的自己，那么你就会爱上他。"那么如果爱对方，就用你的眼看到她的美好面，让她知道你欣赏并喜欢她的那些优点。那么她会在无意中忘记自己坏的那一面，并努力保持或贴近你眼里那个美好的自己。

爱情不作为

她是多情女子，虽然俗世里似乎女子总会比男子用情更深，但也不排除很多女子看待两性关系有特定标准。只是她们自己不承认那不是爱情，而是目的或手段，她们会打着爱情的幌子自欺欺人。

她的爱情观很透明，不掺杂任何外界的东西。但物质是具体的存在，若你有要求，反倒更容易达到。而精神层面的东西是虚无的，亦没有定律，若一意凭感觉去爱，总会在过程里遇到感觉不好的时候。

所以，她恋爱得很辛苦。似乎在情窦初开就开始寻找那个爱人。她并不知道他是什么样子，也不知道他是什么性情。似乎遇上了才会知道：就是他了！

可是，她一直找不到那个对的人。

为此，她在一场场无疾而终或是一开始就结束的恋情里，耗得自己精疲力竭。她未能成就学业。为此，她换过不少工作，去过不少地方。为了爱情，她浪费了太多的时间。追逐，寻找，一直以一个飞蛾扑火的姿势。并且从不罢休，誓言此生不妥协胡乱嫁娶，而是一定要找到那个她觉得对的人好的人。

某天，有人告诉她，找爱情信爱情没有错，但爱情这东西，有时不是找来的，而是等来的。

她疑惑，难道想要一件东西，努力去寻找却是错的？等待是站在原地，不是浪费光阴没有作为吗？

那人说，这个站在原地等爱情的过程，只是让你不要为爱情做什么，而是把时间用来将自己变得更好，你可以不断学习提升自己，可以努力奋斗去实现目标或梦想，可以多读书，可以用心工作，可以照顾父母亲人，等等。然后你会发现，那个你要等的人，会在适当的时候自动出现……

她似懂非懂，但觉得寻找的确很累，于是听了那样的劝言。她停下来修炼自己，直到把自己锻造得心清目明。就算沉默站在人群里，也会散发出不一样的光芒来。

后来，她便遇到了真正的爱情。那个人跟她一样好，他们的爱情舒适贴心、安静恒定。

她终于明白，爱情的确不是找来的。因为你会在找那个人的过程里，忘记了自己。而当我们渴望得到一件东西时，不是先想着去找到，而是应该攒够足够的钱或特意去换取那件东西。当我们将自己变得不一样后，那个同样的人，就会带着爱情出现。

所以在爱情到来之前，我们要照顾好自己，做更好的自己。为的是将来有一天，我们有足够的信心和资格站在那个优秀美好的人身边，以一种不容置疑的姿态。这样，便是爱情来到前的不作为，抑或叫对自己作为。

可惜你不喜欢我

周末夜里，可以不用早睡，他便躺在床上玩手机。

在微博附近的人里，他挑中她。只是想找个人单纯地说说话，打发一下这难得不逼自己睡觉的时光。

她也正是这样的想法，于是，他们从微博评论转向私信，又从私信转向微信，最后加了彼此 QQ。他们聊得很开心，有难以言喻的默契。并且，他们在同一幢大楼工作，还有些相同的爱好。

他看着她的头像，觉得心跳速度渐渐加快。她正是他喜欢的那种类型的女孩子啊。于是，他想法不再单纯。他查看她的星座，发现她果然是他星座性格适配的人。这样的概率，他并不时常遇见。

一时间，他觉得定是月老在牵新的红线。因为此前，他辗转谈过几次恋爱，都以各种原因失败告终。后来，他无聊时便看看星座属相和八字配对，用迷信来对照现实与人相处的情形是否符合。

所以，他看重星座性格是否适配。当然，他还是相信眼缘是否触动心扉，对话是否顺畅无碍，观念是否相通相近。而在跟她的频频互动里，他证实了这一切。

他们发在网络里的说说微博，微信朋友圈里的动态，空间博客的日志，彼此都会在第一时间评论回复。他们你来我往用文字交流沟通，愉悦欢畅。他觉得，她一定也是喜欢自己的，因为他也优秀也英俊也出色。重要的是，他们那么合适，那么刚刚好就遇见。

于是不久后的一个夜里，公司聚会时他故意多喝了几杯。然后在跟她每夜必聊的时间里，向她表白。他以为，就此会开始一段美好浪漫的爱情。他一定会全心全意倾尽余力去跟她相亲相爱，得这一心白首不再离分。

但是，她却想都没想地拒绝了。她说，对不起，我觉得自己并不喜欢你……

简单几个字，瞬间打破了他这些日子所有的心跳悸动和想象。原来，一切只是他的自作多情和幻觉。他没再说什么，甚至也不想知道她为什么不喜欢自己。

他说，好吧，是我冒昧，我没事，我们还是朋友。

嘴上这样说，心里却堵得跟密不透风的棉花团似的。说不上是悲伤痛苦，只是有无边无际的失望。因为在他看来，那么难得遇到的两个人，却不相爱。她不给他这个机会，他只能独自感叹和遗憾。

可是，他也突然明白，不能也不该去猜测别人的心思和感受。你永远只能确定自己是否在乎、喜欢或爱，不能为对方做主。因为很多时候，情事叵测，人心难料。

此后他唯一能做的，是每每想起她来，就想对她再说一句：当我喜欢上你时，若你也喜欢我，那该多好。

可是，爱情里总是因为有遗憾，才能呈现更多忧伤的美丽。

爱情里的勇气

他生于20世纪90年代初，有一份正式工作，下班后兼营一家小型酒吧。酒吧生意清淡，顾客大多是一些在夜晚工作、凌晨下班的女孩。她们多数是因为认识了热情的他才来的。有时在吧台跟他喝点儿酒，有时在室内打打台球。女孩们生得漂亮妖娆、年轻时尚，像一只只不同色彩的蝴蝶，在他酒吧的暧昧灯光下飘摇。

一来二去，他喜欢上了女孩中的一个。他每天发信息打电话给她，下班后会在酒吧等着她前来陪他坐坐。偶尔面对女孩美丽清纯的脸时，他心里会涌起阵阵想疼爱她的冲动。

女孩的态度欲拒还迎，言语里全都是对爱情的不信任，虽然两人年纪尚轻，却也都已经遭遇过爱情的伤害，所以彼此对开始一份感情缺少勇气和信心。拉锯战一直持续数天，不挑明的暧昧和喜欢，让他心里起伏不定，甚至觉得寝食难安。

于是他在QQ上问起朋友他要怎么办？想表白又怕说完后两人从此朋友都没的做，不表白又心有不甘或怕错过。

朋友不是情感专家，但知道他这样的男生，身边总围绕着一堆女孩，是让女友极没安全感的那一类。如果女孩喜欢他，就更没勇气接受他的爱，因为怕从此要跟很多女人分享这个人。如果女孩不太喜欢，只是因为寂寞时需要个伴儿，那么就会坦然接受他的喜欢，会以玩一玩的心态走一段算一段。这样看来，女孩也是喜欢他的，只是少了勇气。

所以朋友问了他几个问题，比如认识的时间和喜欢她什么？

他说，认识半月，喜欢她漂亮……

他的回答无疑让朋友有些失语，在朋友看来，这世上所谓的一见钟情，大抵也就是对外表的一个肯定。这样的钟情要修成正果、正式恋爱，需要的就是双方的勇气。其实他自己对这份感情能持续的时间和未来也是茫然的吧？只是在突如其来的喜欢面前，他只想要现在拥有那个如花般美好的人，哪会管爱的理由。

正因为如此，还没想过未来的他，是没法让女孩安心放心接受他的示爱的。

明白朋友的意思后，他说，那我给她承诺，要不直接说跟她订婚？

他的话让朋友再次失语，这样的行动或许能证明他的勇气，但这样的勇气有多少是关于爱情的？

爱情里是需要勇气，但不是一天两天能证明的，也不是一句“我爱你”和“我要陪你一辈子”的承诺能表现的。爱情里的勇气，是在时光流动里慢慢形成的。那就是“在日子一天天过去，身边诱惑仍然来来往往时，我仍然只想看你，只想爱你，只想和你在一起。当你慢慢老去，再也没有了最初美好的容颜，但我已经爱上了你，所以永远都不会改变初衷。而此去的人生，我明白你不是最美丽的，却仍然是我心里最动人的……”

所以，在有爱的勇气时，想想我们的勇气能持续多久？如果不能一辈子握那个人的手陪他（她）变老，那么不如把爱的勇气变成放手。

透过年龄看爱情

她有一个完全蹉过了青春的年龄，但有一张停留在青春里的脸。且那张脸生得不算难看，大眼弯眉，顾盼生辉，左右生情。加上还有点儿才气情趣，单身的她便在虚拟世界和现实世界里，多少有点儿招蜂引蝶的意味。

男人们挤上来时，一般都会问起她的年龄。只是问得早一些晚一些的差别。她从不回避这个问题，虽然有句老话说不要问女人的年龄，那是不礼貌的。但男人们大概不再这样认为，也许他们觉得问清对方的年龄也是一件负责任的事。

所以，面对这种“不礼貌”，她都礼貌回答她的真实年龄。然后，她再看男人们各形各色的表现。

有的男人在听到这个数字后，表现得很失望，抑或很失落。

也有男人在听到这个数字后，表现得很惆怅，抑或很无奈。

还有的男人在听到这个数字后，坚决表示不相信，或叫不死心，或是不愿面对现实。

说到底，都是怀有失望的心情。

不过，一个对你有意或认真对待你的人，才会有失望或失落。因为但凡对你没有兴趣，便也不会去问去关心这年龄或其他的问题。

所以，她居然也说不出是应该开心还是不开心。总之，她只能隔岸观火，看男人们在得知她年龄后的反应，并且想象他们的心情。

接下去，有的男人淡然隐去了，不怎么联络了。这一类男人，或许是想，我要是与她恋爱结婚，但她大我那么多，父母家人一定会不同意，且自己也觉得心里过不了这一关。所以，还是在最初就保持距离的好。于是，这一类男人在她的世界里淡出了。

再有的男人得知她年龄后，虽有短暂失落，但接着又释怀坦然地跟她继续联络。这一类男人，或许是想，我可以只与她恋爱，若父母家人能接受，或是两人能相处得来，再考虑将来。若受到阻挠，或是她不适合我，说分手也不迟。于是，这一类男人抱着模棱两可的心态继续不冷不热地与她联络。

还有的男人，在得知她的年龄后想，我不过是跟她结一段尘缘，时间长短并不重要。所以，她的年龄也不是什么重点。她看上去，也是那般年轻不是。所以，这一类男人开始热络地与她周旋。说白了，他的意图不过是一段艳遇或奇情，不必去想所谓的天长地久。

当然，还有一些男人不会去问她的年龄，或是已经身不由己身边有他人相伴，或是并无他意。他们可能随口好奇问问，然后感叹，你看上去比实际年龄小那么多。接着，再说一番无关痛痒的赞叹。

有喜欢隐瞒、刻意掩饰，甚至修改身份证上的年龄欺骗别人的女人说她，你傻啊，说个年轻一点儿的岁数不好吗？反正你看上去也很年轻不是！

她笑而不答，因为她知道，她说出真实的年龄，省去了很多程序。一来，她不喜欢欺骗和撒谎，且是因为一个数字。二来，年龄是自然生长的东西，由不得你弄虚作假，迟早，它是要显露出来的。再者重要的是，她在说出这个年龄时，就把问题抛给了那个男人。你若接受姐弟恋，那么你想好了。或者你是玩玩而已？或者你会世俗地在意？总之有种种想法的，都在知道这个真相后，尽快显露或表现出来。

如此，省了她用长时间去看清对方的观念和为人。失去那马上因为一个数字就消失不见的男人，也不用浪费彼此的时间，岂不更为简单。

所以，她觉得用一个叫年龄的东西，看懂了许多来来去去的男人。这个，是一个人的坦诚真实所得的回报。

爱你的人都很烦

她的初恋是高中的同学，那个男生见她总跟班里的同学打闹嬉戏，于是一再往她的书本里、文具盒里夹纸条提醒她。提醒她不要那么疯，要专注学习，要珍惜学习的机会和时间。午饭时，他常常假装路过她的饭桌，看到她碗里不营养的配菜时，他会提醒她身体正在成长，在饭菜上要注意均衡。一次两次时，她是感动的，次数多了便烦了。然后生气地对他吼：你怎么比我妈还烦！

她嫌弃他的啰唆，喜欢上了另一个沉默冷酷的男生。她觉得话少而另类的男生才帅气，于是跟着他逃课去溜冰，坐在他摩托车后座在马路上加速行驶……她以为那样子才是爱情，结局是沉默的男生的确不啰唆，就连移情别恋也不愿多给她一句解释。

安慰她的，仍然是那个如妈妈般唠叨的初恋。他为她打饭，为她洗碗，往她的宿舍送牛奶早餐，依然把大段大段开导和鼓励的话写成纸条塞进她的生活。后来的时光，他们慢慢在生活中走成了平行线，但多年后她想起他烦过自己的岁月，却是最贴心、最温暖的回忆。

长大后的她，恋爱多次仍然觉得不尽如心意。也有花前月下卿卿我我的美好，也有甜言蜜语万般柔情的承诺和爱情宣言。最终却都落实不到一粥一饭的现实生活里来，于是带着遗憾和忧伤，一路寻找那个真正爱自己的人。

后来遇到的那个人，散步时会抢去她手上拿着的每件东西，一个小包或是一个手提袋，她常推说不重，但他总会执意到她烦为止；一起坐公车，她坐的靠窗那一面阳光正烈，他便要求跟她换位子，她嫌麻烦不起身，他便在过道里站了好一会儿，直到她觉得烦了才罢休；每一天早晨，她会按时收到他的信息，提醒她吃早餐；中午收到他的信息，提醒她吃午饭……每一天如此，简单的几个字，常会让她看一眼就觉得无趣而忽略过去。

她时常偏头痛或是咳嗽，每一次联系时他都提醒她去看医生。她推说吃点儿药就好，老毛病了。他却仍然一次一次地重复赶她去看医生。见面时他执意要带她去，她觉得他小题大做，也被他的催促弄得很不耐烦。她开始逃开他的唠叨，试着跟别的男人认识来往。有一天她头痛得躺在家里无法上班时，发信息给新认识的男人诉苦。男人好半天才回信息说：我刚升职了，晚上我带你去江边水上餐厅吃饭吧！

她失落地回复了信息，心里开始无比怀念那个催她看医生、催她早睡不要熬夜的人。她也终于明白，那些关心到让自己烦的人，才是真正爱自己的人。就像妈妈一样，总是怕你吃得不够多不够饱；怕你穿得不够暖被子不够厚；总是在你出门前反复叮嘱要小心、要早点儿回来。她们每天的唠叨内容相差无几，也常会因为琐碎的叮嘱惹得你发火和厌烦。

而那些只关心你今天是否妆容得体、衣着漂亮的人，只是欣赏你喜欢你。真正爱你的人，才会在生活琐事里反复提醒你照顾好自己。当你遇到那个关心到让你烦的人，一定不要以为对方太婆婆妈妈而不珍惜。你的健康平安，就是他们烦你的根源。

只爱现在的你

某女说，男友对她寄予很大希望，不断鼓励她努力工作，说她的前景一定不错。当她表现出自己还想深造学习的意向时，男友也十分支持。每天除了情话，便是鼓励她的话。

初时，某女觉得男友是确实为她着想，并且相信她有那个能力。这是一种认可，也是一种必不可少的精神支撑。于是，某女在这份爱情里，收获的不只是爱情，还有事业上的成长和成功。他们的爱情看上去也跟某女一路努力得来的成果差不多齐头并进。只是到后来，他们各自都很成功，却也更加忙碌。

物质和声名收获得越来越多，一时收不了手停不下来。于是给彼此的时间越来越少，给客户、工作、事业的时间越来越多。再后来，他们同在一个城市，却变得像异地恋一样，很久不碰一次面。再后来，他们各自在近水楼台边有了新欢，然后黯然分手。

某女说起那段情，有深深的失落。似乎是那个男人成就了今天成功的她，却又似乎是那个男人，让她失去了最初的简单淡泊。生活变得不一样了，心态也变得不一样了，却在物质满足里深感茫然和空虚。

最终，她给那段情下了个结论。确定那时的男友，爱的并不是那时的她。若他爱的是那时的她，或许就不会那么迫切那么热烈地鼓励她变成另一个样子。他那时爱上的，就是潜在的她，是未来的某个她。

身边很多女人也是如此，爱上一个男人，听他侃侃而谈对将来的规划和计划，听他热血沸腾地说未来自己会是什么样的人，听他罗列自己那些潜在的未被人发现的能力。

女人们像听演说一般，有时也会晕头转向被洗脑一般，或是拿了私房钱跟他共创未来，或是用尽全力供他一步步向上爬。到最后，一般有两种结局。一是那个男人果然在你的鼓励支持下发达成功了，但你也因此变成抹布女了。另一个是他根本就没有那样的潜能，他只是有个好口才，让你看到一个他描绘出来的成功男人。而你一路等下去，发现他还是最初你认识的那个他。

你若想着他未来成功的样子才去爱他，那你爱的不是你认识的那个他，而是未来的那个他。你所期望的，是他或是你自己描绘想象出来的影子。

真正对自己感情负责的人，不会在遇到你时，想象未来的你是什么样子。他们若能爱上当下的你，就爱上你。若不能爱上当下的你，就不会把过多的想象放在你的潜力和未来上。因为真实的爱情，只在当下发生。未来我们谁有十足的把握？所以，我还是爱着现在的你好了。那样，未来你变得更好，我会欣慰。你保持现状，我也不会因为失望而不再爱你。

爱你，就是结果

他说喜欢她，她沉默数日，然后说，我也喜欢你。

他说，谢谢你给我这个机会，让我们可以开始。

她含羞地望着他说，嗯。

爱到一定时刻，便有人过问他们爱情是否有结果，是否想好归宿。他们从最初那纯粹美好的恋爱里醒来，想起爱情原来在世人眼里只是一个过程，最终，它得有一个走向和目的。

那便是婚姻。

但是，他们的爱情并不被双方家人看好。各种阻挠压力频频袭来，他们招架得疲惫不堪。但自始至终，她没有埋怨他一句，没有责怪他一句。

他负疚地问她，如果你提前知道跟我没有结果，还会选择爱我跟我在一起吗？

她想想说，这个问题好像不成立。因为遇见你时，我又不是恨嫁的姑娘，不是因为要马上嫁人而相亲，怎么可能马上知道结果或是向你确定是否有结果才决定开始呢？

他点头说，也是。

她说，如果彼此爱上了，就有结果，就是结果。如果不够爱，才会想要提前先知道是否有结果。

他笑了，轻轻拥她入怀。

他知道，她这样说了，他们之间便确定有了结果。

因为两个相爱的人在一起，要的结果并不一定是婚姻。而就是能在一起，即使没在一起，心也已经在一起。

而那些注重结果的人，或许要的是一份实际的婚姻，要传宗接代，要一个伴儿，要成一个家，要完成一项任务，要妥协父母亲人的催促，要顺应祖宗世人的规律，要完成人生所谓成家立业的大事。

那样的情形，目标明确。所以在一对男女初相识时，才会确定你是否会娶我？我是否会嫁你？或是确定结果我们婚后有没有房子可以居住？有没有父母要养？有没有嫁妆有没有聘礼？

唯独没有人问，我们之间有没有爱情。

因为那样的在一起，要的不是爱情，而是一种婚姻的形式。

但对于相爱的人来说，爱上你，并不是不想要结果。而是那个结果在爱上你就产生了，因为，爱你，就是结果。因为爱了，我们就会想在一起；因为爱了，我们就已经在一起了。

那么我们的过程是爱，结果也是爱。

即使有一天，我们的结果变成是爱过，那样，也是有关我们的爱情，便也足够让我们觉得这个结果值得了。

爱我只是你的事

他追她多年，锲而不舍，百折不挠。而在这追的过程中，他几乎忘记了自己。事业未成，自身未满。因为苦恋伤感，还得不时颓废一番，出去旅游散个心，或是隔三岔五买个醉贪个欢。

常有朋友说他，你为了一个女人，把自己弄成这副德性，实在是不值得。也常有人说，你真是痴情，为了一个女人，耗掉那么多青春。

无论哪一种说法还是劝告，对他来说都不起作用。说不清是不甘心，还是真的她有多好，多吸引他，因此让他摆出一副非她不娶、终生不悔的样子。

总之，年复一年，他除了基本生存活下去的意念，其他时间，全部用来爱她。这种爱，具体说起来又似乎很虚无，他没为她做过多少显而易见感动的事。形式上，多是送送花，请她吃饭，请她去唱 K，请她去散步去逛街去公园。做得最多的，是口头表白和承诺，以及为她描绘美好未来。

她大多时候是拒绝的，偶尔实在被他缠得没办法，就赴一次约。她也不是铁石心肠，一个人一直不肯放弃对你的爱慕，多少还是会让这个被爱慕的人觉得欣慰的。

可是她却没有太多这方面的感受，反而是觉得他给的爱慕是一个负担。他像个阴魂不散的影子，一直出现在她的生活里，破坏她的相亲，破坏她与爱慕的有好感的其他男士约会。有时，他惹得她火起来，又低声下气放下全部自尊求她原谅。

他就这样以一个又可气又可怜的形象留在她的记忆里、生活里。但无论如何，她无法爱上这样一个人。虽然常有人疑虑，他那么有耐心，坚持追你那么久，为什么不试着接受呢？

可她觉得他的爱一点儿也不感人。像一个华丽的空壳，一些口头禅般的情话，一个带给人负面情绪的阴影。所以，不管他在公众场合还是私底下如何求她，她都不为所动。

他说你真是狠心冷血，你就试着跟我交往一下不行吗？你觉得我哪里不好我改正好吗？你如果答应做我女朋友，我一定会比现在努力生活和工作，一定会变得更优秀。

她听完这话，突然有点儿明白。她说，你唯一的好处，就是执着地对我说爱。你唯一的坏处，也是只会执着地对我说爱。其实，你一点儿也不懂得爱。

他有些沮丧，在她绕口令一样的话语里，开始激动起来。他说，看在我追你这么多年的份上，你就做我一个月的女朋友，让我表现给你看好不好？

她有些厌烦了，她说，你追我这么多年，那不代表是对我的恩赐。那只是你的事，我从来也没有需要过和要求过。

他目光黯然，看她再次走远。他终究还是没明白，你追一个人爱一个人，并不是每个被追被爱的人都觉得荣幸和幸福。他们也许根本不需要你这样的爱。

当然，他还没有搞明白的一件事是，把时光耗在追一个人身上，却从没想过提升自身来让对方觉得他值得爱。

原来我在喜欢你

他还未曾恋爱，高中时一门心思踢球爱体育，大学时一门心思玩魔兽。好在学业没落下多远，毕业后也没东挑西拣，所以很快找到工作。虽然不算很好，但也过得去。

于是开始正式打量这个社会，正式有了人际关系，开始与人沟通，交流打交道。

她是同事，比他早来公司一年。以前辈的身份带他了解公司各种情况，熟悉环境，安排交代工作，接管客户。事务大小，面面俱到。

他感激不尽，跟着这个长着张美好脸庞的异性前辈转来转去，觉得十分愉快。于是早上上班，在路上买早点时，就想着为她带一份。中午吃饭，自然地邀她同往食堂。下午下班，帮她拎着包，跟在她后面去外面找地方一起吃饭。

这样的日子持续了很久，他天天叫她前辈，或是叫她姐。照着她的吩咐做些事，或是互相关照，一起吃饭上下班的时间比较多。聊得也越来越多。有时候不止上班在 QQ 上说话，休息时他们会在大家的笑声里保持沉默，彼此却拿着手机发微信对话。说某同事八卦，或是说当天工作的不愉快和烦恼。

她对他很好，教会他不少工作上的经验，一点儿都不保留。他觉得自己特别幸运和幸福，以为日子就这样相安无事一切静好下去。

可是慢慢地，她会突然有些不耐烦，有时还冲他发脾气，或是说些奇怪的让他听不懂的话。或是问他些关于爱情的话题，或是发些什么情感测试题让他做。

他有时做了，有时嫌无聊就笑她太闲扔到一边。那样的时候，她就一天半天不理他，不主动叫他。他追问她哪里得罪了她，她又说声算了，然后起身跟他搭着肩去喝咖啡。

后来，他发现新来的男同事跟她关系蛮好，两人常在茶水间站着聊天。她也带那新同事了解工作情况，像对他来的时候一样。

他说不清为什么，心里有些不舒服，于是频频找那个新来的男同事的茬儿。某天，那男同事说他，你是不是喜欢××前辈啊？喜欢就说出来嘛，老找我麻烦干什么？我很无辜的！

他愣了愣，心里问自己，我是在喜欢她吗？那这些表现就是吃醋？可是自己明明一直当她是好前辈、好同事、好姐姐的啊。

他花了些时间才想通，原来她有时反复无常地待他，是因为气他没有表白说喜欢她。天地良心，他只是情商迟钝，有点儿搞不清楚怎么才算喜欢一个人。原来自己对她的尊敬、关心和关注，相处时的快乐欢笑，都是因为喜欢她……

他挠着头去向她告白，她将手指戳到他头上，喜极而泣地说，你呀，真是个榆木疙瘩！

他将她拥入怀里，心里默默感谢那个新来的男同事。要不是有那个参照物和催化剂，他大概还要跟她这样以莫名其妙又习以为常的关系继续亲密下去。虽然他不觉得有何不妥，而她，却是早就在猜他的心思里备受了许多煎熬。

原来，爱情里折磨人的东西还有一样，就是对方居然不知道自己在喜欢你。你说若遇上这样的人，自己又没勇气向他表白挑明，那是该有多着急多憋屈呢。

爱情风格不符

他在朋友聚会上见过她一面，长相虽不是最出众，却让他印象深刻。于是发动追求攻势。

他是在感情上极敏感早熟的人，甚至还看一些所谓爱情攻略和情感指南，有时这些小伎俩也会迷惑女孩子。为此，他觉得追求一个人的过程也是享受。并不以此觉得犯贱或是降低了身价，亦不觉卑微和伤自尊。且他多是出手就胜，所以更是从不考虑太多，看到对眼的就凑上去。

但这一次，屡屡失败。送她花，她当即退了回来，一问，原来她花粉过敏。请她吃饭，带她去海鲜城，她也过敏，于是几乎整顿饭她都没动筷子。说要换个地方，她又说自己不习惯在外面吃东西，还是回家做为好。

周末请她去逛街，想着女孩子都爱买衣服化妆品包包之类的东西。于是带她出入商场，让她随意挑那些看上去不便宜的名牌衣物饰品。她却还是没兴趣的样子。转上几圈后，说没看到喜欢的，最后以要回家陪爸妈吃午饭而匆匆结束约会。

下个休息日，他再请她看电影，是部爱情片。在他看来，女孩子都会为这种片子动容，然后心里一激动，就觉得身边人也很美好，想开始一段属于自己的恋情。结果，她看得泰然自若，就连他觉得感动的场景，她也表情淡然。

三番五次下来，他自己也觉得没什么意思了。她并没有拒绝他的邀请和追求，可是每一次，她似乎都不是很开心，对他邀请去做的事情内容不感兴趣，甚至有些不适。

他有些泄气，跟朋友提起说，这个家伙怎么比别的女孩难搞定。我的那些爱情秘籍也派不上用场，对她似乎都没有作用。

朋友笑道，你追一个人，不研究这个人本身，却研究跟其无关的书？

他细细回味这句话，寻思女孩子不外乎就是喜欢这些东西吗？花啊，餐厅里的蜡烛灯光啊，商场里的名牌啊，电影院里的浪漫气氛啊，不好吗？不动人吗？

他不知道，对她来说，这些东西没什么不好，但不是她想要的。她来赴约，是因为并不讨厌他。但他为自己做的那些事情，请她去的地方和要做的事情，却不是她喜欢的。

她只是个清淡简单的女子，花粉和海鲜过敏，因而不喜欢。名牌对她来说大而空旷，并无美感，亦不喜欢。至于那电影，她只看到里面的虚假和造作，所以也正好不喜欢。

于是，他的所有作为，在她那里没有留下任何惊喜。

他的行动，就如给杂志投稿，没研究其栏目要求和语言风格，盲目地随心所欲地写完投了过去。要么石沉大海没了音讯，要么编辑会回复：对不起，你的稿子与我刊风格不符，请另处。

他的这次追求也一样，因为根本就不了解她，也没研究一下人家喜欢什么，就盲目开始。所以对方在几番相处下觉得失望。后来若还如此，多半就会客气或直接给个拒绝的回复了。

所以，喜欢一个人，是要研究一下对方本身，而不是盲目使用爱情指南。否则就如把诗歌投到小说杂志一样，被编辑指责风格不符。且不管你写得如何才华横溢，也是没有用的。

我对你有多重要

她悄悄喜欢上一个人，那人的态度虽不明确，却从不拒绝和怠慢她。初时，只是工作上的闲话询问。后来，便掺杂延伸一些私事闲聊。看上去相谈甚欢，没有矛盾没有厌倦。

但是他很少主动找她说话，只是她说话时，他回复得很及时。无论什么时间，无论在什么地点做什么，对她的问题或小请求，都一一应和解决。

她愈发觉得生活里时时存在这个人的影子，有什么事都想找他商量一下或诉说一番。可她不明白在他的心里，自己到底占着什么样的位置。喜欢？还是不喜欢？同事间的普通喜欢？还是男女间的喜欢？说他完全不在意自己，又不像。比如她的动态心情，她的说说日志，一发布，就会引起他的关注。或回复留言，或赞一赞，或转发表示看到了。有时候，他们也在网上发些拥抱的表情，很是暧昧。

她一直在等他说出关于喜欢的话来，挑明那层在她看来如薄纸一般透明的关系。好多同事也觉得他们关系不明不白，走得比别人都要近，可他却从来不说。

她心下失落，便只好停下自己的热情，不再主动跟他打招呼。此后，他隔三岔五会主动叫她一下，却大多是工作上的事。若不是，也只是礼貌问候。

她在等他消息的日子里，觉得时光漫长，却不肯再向前一步。因为她不确定自己对他来说有多重要。她甚至怀疑自己是不是自作多情让他很困扰？或是他只是出于同事的礼貌，才会在过去那些日子里对她如此有叫必应。

慢慢地，他主动叫她的次数也越来越少了，后来连隔三岔五都没了。她心下失望并确定：他从未喜欢过自己，大概只是因为他待人原本就和蔼可亲。想着，她便伤感又自嘲地笑了。笑自己会错意，笑自己的不淡定。

对于这样猜来猜去的感情，她觉得很累。停下对他的那份喜欢之心后，便把目光转向别处。不久后，她接受了公司里一个追了她多年的男同事。就在她跟那位男同事公开恋情不久，他就没有征兆地辞职离开了。

她没去打听他为何离开，并且拉黑了他的 QQ 和所有联系方式。想来，也不过只是一场没有开始的暧昧游戏吧。

几年后，她从另一个同事那儿得知。当年那个人辞职后跟他喝过一次酒，酒后他很难过。说起从进公司就喜欢她。可是，她光鲜亮丽，她家境殷实，她前途光明。而他来自农村，父亲还一直卧病。他每月工资都悉数寄回家去，也填不满医院的催款单。而他自己，也检查出来有慢性病。他不想拖累于她，只好默默与她相对。那一晚，他醉后在街上唱周杰伦的歌："你对我有多重要，后悔没让你知道……"

她听完潸然泪下。她其实也是自卑内向的孩子，那些主动找他的日子，已用尽她很大勇气。而此前，她若不知道自己在对方心里有多重要时，从不肯轻易表露情感和主动联络。因为一直低估自己的她觉得：我对你有多重要，需要你让我知道。

可惜你不在身边

她的空间里，有很多个相册，都是她足迹所到之处。远到国外，近到她住的小城周边。这些是她五六年来，四处走动留下的影像。

人们以为她是个非常痴迷旅行的人，也以为她是个经济宽裕生活洒脱的文艺青年。其实没人知道，她是每工作一段时间攒一笔钱就离开去另一个地方。有时为了下一个要去的地方而省钱时，就连续多天吃白水煮面。

常常没有目标，只是下意识地一个地方接一个地方行走。她只是在用这种方式祭奠她那段逝去的爱情。那个男人是她爱上的第一个人，也是她到这世上后，超出对父亲、哥哥、亲人、朋友所有关系般依赖和信任的人。

可是那个人在跟她相恋多年后，却突然娶了别人。只因娶的那女人与他更加门当户对，那也是两家大人的所愿。他不知如何向她交代，换了一切联系方式躲开她后闪婚了。后来她辗转找到他，他便说是因为父亲病危逼着他就范的。

事已至此，她唯有含泪退出他的世界。而外面这个世界，便就此坍塌了。从此，她生活的全部意义就在于行走，看陌生的风景和人，再用一个一个相册记下她的足迹。

那些风景里，自然不乏许多美好诱人的地方。但她大多时候，是对着那些风景发呆。茫然地想自己不断行走的意义，直到她遇到另一个男人。

男人也喜欢旅行，他们在同城驴友群里意外相识。是同乡，也有诸多共同话题。她卸下了些冷漠，任他走进自己刻意封闭的世界。男人待她很好，关注她所有动向，关心她生活起居大小细节。

慢慢地，她再出行时，觉得那些自然风景变得不一样了。看着那些山、那些水，心里的疼痛和仇恨一点点在溶解。男人总是适时发来消息，打来电话问她，风景好看吧，心情好吧。

她沉吟着说，好，都好。

其实她是想说，收到你的消息才使得风景更好。

她像是从前一段感情里走了出来，出行时的感受也大不相同。从前看风景时，会想着那个应该在身边的人现在在别人身边，所以心情大多是悲怆和冷漠的。

如今，她发现看着任何细微风景都会内心柔软温润，且总会不由自主地想到另一个人，并有诸多遗憾。直到她确认那份遗憾是因为如今那个人不在身边时，明白自己终于可以重新恋爱了。

不种花，如何有花开

她说，爱怕了。怕伤害别人，怕伤害自己。怕喜欢一个人时，最初那种猜对方心思是否跟自己一样的煎熬；怕表白后拥有彼此后患得患失；怕在一起后相处的诸多矛盾；怕会变心；怕分离；怕最后剩一地惨淡。

因此，她说不开始，不开始就不会有痛彻心扉的结束。

但他不这样认为，他说，有些爱情需要一个开始。只有开始了，你才知道是否会美好，是否会一生一世。当然，过程中一定会遇上各种各样的问题，比如相处不好，比如双方父母的意见，比如世间种种诱惑。但这跟种花一样，你不种，是因为不想看见它将来凋落。但是你不种花，就永远不会有花开，你就永远看不见花儿有多动人。

她信了，于是愿意在那个春天与他一起撒下爱的花种。

自然是那样的，相处就有不少问题，性情不可能完全相同，所以观点会有出入，生活习性会有异同。还因某些原因，他们的关系遭到彼此亲人朋友的反对和不看好。当然，他因人品出众身边不乏优秀女人。她的生活相对清淡，但仍不乏明里暗里仰慕和爱慕她的人。

爱情就像开在枝头的花一般，的确有走向凋落的姿态和势头。她一惧怕，就想逃走。不是不爱，只是怕面对那么多的问题。她听他说过，爱情里唯一的胜利法则，就是像拿破仑说的那样：逃走。

可他再次不认同，他说，每一场爱情都会有问题出现。重点是要一起去解决。比如相处不好可以彼此迁就磨合，比如遭反对可以坚持用幸福状态告诉他们我们在一起并非不好，比如面对诱惑时我们一定要有自制力。

她含泪看他，其实她知道，他说的都是对的。只是有时越爱一个人，越怕失去。就像爱一树花，却知道终有一天，它将离开枝头消失不见。就像顾城说的那样，为了避免结束，她便想避免一切开始。

但爱情，必须有开始，才知道在一起会经历些什么，才知道自己会爱 TA 多深。而在一起的过程，也就是解决那些不大不小的问题。最终的目的，是让这份爱变得更长久。哪怕最终会凋落，也要一起化成树下那融为一体的泥。

如果因为怕，就不去开始。那么你就永远不知道自己会错过或失去什么，是花满枝丫的美好恋情，还是可以跟你生死相依的一世爱人。

所以，在春天到来时，跟他一起种下爱情之花吧。花开时，不要去想凋落，握紧对方的手一起看那花的美就好了。

温柔的菜刀

一个失眠夜里，她拿起手机。在黑暗里打开微信，通讯录里有一些熟悉的朋友，但此时已是凌晨两点，且平时这些朋友也极少闲聊。所以，她放弃打扰谁，而是进了微信的漂流瓶功能。

她扔瓶子，写道，人生若只如初见。写道，花谢花落花满天。写道，你来，我当你不会走……扔出去后，她等待着那个能够接下半句话的人。收到很多招呼，但回复下半句的人寥寥无几。那个大染缸里，装满了寂寞的人。只是寂寞分两处，一种是身体大于灵魂，一种是灵魂大于身体。而这里，明显前者更多。男人们在夜色里在看不到表情的地方，龌龊地表达自己赤裸的午夜寂寞。

她心生厌恶，只好一一拉入黑名单。而那些还未及表露的人，也显得十分无趣。但删到最后一个时，她停住了。头像上，他半低着头，看不清脸，看不见表情。跷腿坐着，手里拿一台白色游戏机。衣装休闲，内敛沉稳的感觉。抑或是正因为看不见他的表情，所以她一时无法分辨，只是莫名保留下来。

好在他也只是单纯失眠。他们的聊天内容很简单，但干净。这是她觉得难得的地方，他们只是灵魂寂寞，需要找一个人说说话。内容自然清淡就好，知道世上某个地方有那么个人在跟自己一起与夜对抗就好。

此后再联系，便知道了各自的工作和方位，知道各自的爱好。并不是谈得多深邃，却像白开水一样，平淡舒适。他是好赌的男子，却没有让她生厌。想必都是极在意对方是否真诚。所以他们坦诚相待，从不提及自己的好，倒是彼此都觉得自己不够好。

能反省和自责的人，都不是无药可救的人。因此，他们彼此惦记，念念不忘。

他说，隔得太远，不然可以闲时见见聊天。他又说，不能说得再多，否则喜欢上你就不好了。

所以，他们刻意保持距离，他们常常多天不再联系。

她以为会若无其事，只是一个说话的伴，只是一个彼此没说一句暧昧的网友。可是当她走进厨房，看到菜刀上的产地字样时，突地心一跳。那是他所在的城市，她拿下几把不同样式的刀，产地全都显示他那里的字样。

看着那些寒光闪闪的菜刀，她却内心温润。因为想起了那个人，那个人鼓励她，在失眠的夜晚陪她闲聊，在她不开心时安慰她。那个人跟她有相同相通的地方，就是彼此都不知道自己的好，只反省自己的差。

原来，还有一种魅力叫你不知道自己有多好。他们简单，没有目的、没有欲求、没有虚伪。就像那菜刀，锋芒明显，你知道刀口摆在那里，不碰触就不存在危险。而那些藏在玫瑰上的刺，却是可怕的美丽。

所以，她明知他说自己是个无药可救的赌鬼，却无端信任他，并相信他终究能走出来。因为他比置身事外的人，更多自省和焦虑自己的行为。她发现，她心里念着这个人，所以就算看到与之相关的菜刀，心也会变得温柔起来。而她更愿意面对一把坦荡的菜刀，而不是一朵藏着刺的花。

一个人的勇气

他们相识在一个很多人的聊天群里，一眼就发现了彼此。于是加了好友开始聊天。谈话很是顺畅，彼此都有不同于以往的异样情愫。

她慢慢对他有了牵挂，哪天没聊上几句，便觉得失落。觉得是喜欢上那个人了。可那个人的想法呢？似乎也是喜欢自己的，虽然不确定，但是看他待自己的周到体贴、尊重都是很明显的。但是在未挑明喜欢对方之前，只能先承受煎熬。

她开始失眠，开始跟闺蜜诉说自己的纠结心事。

她说，我没有勇气告诉他我喜欢上他了。

闺蜜问，那他说了吗？

她说，没有，但我感受得到他。我想，他也是喜欢我的吧。

闺蜜说，那么现在还用不上你的勇气。因为这事可以等到他先说。

她信了闺蜜的话，坚持拖下去。不久，男人果然透露出喜欢她的意思。她自然不假思索就回应了。故事说到这里，原本应该是个美好开始，接下去用一句“王子和公主幸福在一起了”就可以结束了。但是，这却只是个开始，因为，她已经有了老公孩子。结婚数十年，孩子已经快要上中学。只是她看上去比实际年龄小了不少。

在她这小半生里，从未遇到心动过的人。丈夫是自己刚刚成人就接受的相亲对象。搭伙过日子，一点点筑巢般垒起一个殷实平稳但淡如白水的家。

此前，她虽然偶尔也觉得日子寡淡无味，但从没想过要离开丈夫孩子。多年如一日，心如止水。但是，总会有那么一个人，是你命里的劫。

她跟闺蜜反复表达她是真的心动了，是这小半生从未有过的事。越是如此难得，越是痛苦煎熬。她说，我没有勇气抛弃老公孩子去找他。我要怎么办？

闺蜜又问，他有没有要你去找他？他有没有说爱你一定要跟你在一起？他有没有鼓励你离开并承诺你的未来？他有没有像你一样痛苦难过不知所措？

她沉默回想，他的确也曾说过，你来，我养你。但是那话像是在半玩笑的状态里说的。此外，他没有明确说过爱，没有明确说过你来找我或我来找你……

闺蜜说，如果是这样，你不必有勇气。因为这样的事，需要两个人都有勇气。

她黯然很久没再言语，的确，她并不是没有勇气，而是心底明白，虽然自己爱了有了勇气想打破现状，哪怕来场天翻地覆的改变，但那个人呢，或许他也爱了，却没有她爱得那么狂热那么深。抑或是他性情里原本就怯懦、理性、传统。所以，他会忍住不再进一步扰乱她的生活，他会忍住发展这份不伦之恋，他会假装一切没发生过。所以，他不会有勇气，他也不能有勇气。那么此时的她，一个人的勇气再大，也会变得完全没有意义和作用。

不要告诉我你的介意

A 在网上遇到一个男人，相谈甚欢。其实这个欢，也是因为见过彼此贴在网络里的照片。照片上，彼此都有一张精致美好的脸。

欢谈过后，终归是要落实到见面上的。见过一面后，A 告诉我，她有点儿介意男人个子不高，并且有点儿微胖，更介意的是，男人穿的居然是紧身裤。我说，简单得很，找个借口不要再见面。

A 又摇头说，可是除了这个，他性格蛮好，家境也不错，我们也聊得来。我说，穿的方面你就不要介意了，胖可以减肥，个子不高只要比你高就可以了，至于那紧身裤，等你们熟了，你再悄悄改变他的着装习惯就好了。

这大概也是 A 自己的想法，我不过是给她补个定心丸。所以，A 和男人继续言欢谈情。

隔了些天，A 突然跑来。神情气愤，说她放弃了那个男人，明确说不要他了，不跟他继续了。我疑惑地问还是因为介意他个子和身材的事？

A 说，我没有对他说我的介意。我气的是，他居然介意我的打扮太中性。嫌我不够女人味，指点我要穿点儿清新柔美的衣服，化点儿淡妆，更像个女人才会有市场。

我上下打量 A，然后说，他说的也没错啊。你要是打扮得更女人些，追你的人会更多。

A 不屑地说，我明白这个道理，只是我不想为一个明确说出介意我打扮的人去改变。若我喜欢一个人，我会主动为他改变。但他说出来，就是对我的不尊重，就是对我的打击。

我好奇地问，那你有没有告诉他，你其实介意他的身高和身材，并且介意他穿紧身裤？

A摇头，她说，没有。将心比心，如果那样，就成了我报复他了。

我表示赞同，说到底。A还是个善心的女子，她明白自己不喜欢听别人直白地说出对她的介意，因此就不会用同样的方式说出自己对别人的介意。而且，她也知道在爱情开始的时间里，他们的关系还没达到可以没有顾虑地说出对彼此介意的地步。

为此，她保全了男人的面子。男人大概以为，他在A心中的印象分很高，因此，他可以继续自信，当然，他也可以继续穿紧身裤。

这样听起来，就像是人不诚实、不坦诚相待一般。其实不然，爱情里的两个人，是脆弱敏感的。你若不喜欢对方或是介意对方哪一点，如果可以改变，那么你不动声色与之相恋。到“知无不言，言无不尽”的亲密关系时，再随口提出你想要对方做的那一点改变就好。

但是，如果是先天无法改变的，就一定不要再说出来。比如，你介意对方年纪比你大或比你小，这是到死也无法改变的事实，那么你可以因为这一点不选择对方或是放弃对方、离开对方，但一定不用说出来。

若对方一定要你找个为什么不跟他在一起的理由，你可以有千万个。虽然归根结底只有一个，那就是爱得不够。但体面的借口会保全对方的面子，也会是一种安慰和礼节。

但你不要再提你的介意，你若提了，对方可能在想，我都没有说我对你有那么多介意，你却这么介意我。所以，我们还是一丝瓜葛都不要再有吧！我不会跟一个那么着急介意我某一点的人在一起，对于你这样的行为，我就很介意了。所以，你也不要介意我把你拉入情感黑名单吧！

先幸福着再说

她在过去的岁月里，经历过爱情带来的痛苦和不幸。后来，她对重新恋爱非常谨慎。

追求者间歇出现，她若觉得感觉不对路、言语不投，就干脆又快速地拒绝并不留给对方任何余念。偶尔也有些第一印象一般、但又不十分讨厌的人会被她保留下来。因为某些人她可以一眼看出是否能继续，有些人却需要长时间才能看清是否能继续。

无论怎么样，害怕受伤的她，对任何一个可能成为恋人的男人都怀着戒备和警惕。他们表达得少，她会猜对方是不是怕对感情负责？所以想打着朋友的幌子玩暧昧艳遇。他们要是说得太美好，她又怕对方那些甜言蜜语对许多女性都说过。

她像个局外人，迷惑地站在自己的爱情之外。渐渐不知什么是真什么是假，什么是对什么是错。虽然保持着不轻易恋爱就不受伤的状态，却也感受不到快乐和幸福。因为，她是那类极渴望拥有天长地久爱情的人。

倒是她的闺蜜，总在不停地恋爱，一年半载甚至更短时间就会换恋爱对象。当然，闺蜜是不承认自己花心滥情的。因为那些夭折的爱情里，很多也真的就是短暂激情，有时被抛弃，有时被欺骗，有时被厌倦，有时被逃避冷落，有时被利用。当然，反之，也有被闺蜜自己主动放弃和抛弃的。

她看得心惊，问闺蜜，你开始一段情的时候，不怕你爱着的人变心吗？不怕幸福不到最后吗？不怕受伤吗？不怕痛苦吗？闺蜜轻描淡写地说，恋爱都会有痛苦，但恋爱里的快乐，也会是最诱人的快乐。所以，只要爱了，都会有幸福。既然开始觉得是幸福的，就幸福了再说。如果每一个开始都想着结局，我们何不从出生就直接走向死亡？

她看着闺蜜明亮的脸，感觉自己十分懦弱无力。原来，敢去爱的人，都是胆大的、勇敢的人。而任何事的收获，都是那些勇敢的人会先得到，不是吗？虽然那些过程里有起伏的情绪和状态，会时而快乐，时而痛苦，时而忧伤，时而平静。但她也是曾得到幸福的。而自己心情起伏虽然不大，却像死水一般。似乎没有泪水，但也没有最美笑容。

原来，所有的幸福都是伴着失去或付出的。你想笑得灿烂，就有可能以泪水来换取。你想开出更鲜艳的花，就得努力在泥土里汲取更多养分。而那些会赢的人，也是要先不怕输。那么幸福也一样，想要幸福，就要先不怕痛苦。

幸福，也是个从来不打包票的东西。倒是不幸和痛苦，总会不打招呼就自己找上门来。既然逃不开事物的两面性，那么不如勇敢去爱、勇敢去幸福了再说。哪怕那幸福很短暂，但你尝试了，才有可能收获让你惊喜的结果。

爱那个在你身边的人

她有一段生死缠绵，爱恨交织的旧情。沉没在那段旧情里，她很长一段时间没有任何新欢。床头边，还摆着旧人和自己的照片，心里，还记着与那旧人相爱相处的所有片段。

毋庸置疑，那个旧人的确是好的，待她也是好的，那段情也是好的。只是，再好的那个人，却还是因为种种原因离开了她。她体谅他离开的原因，但也只是自我安慰，也不想坏了他在自己心里的美好印象，不想否定那一份她认为感天动地的爱情。为此，她似乎失去了再爱人的能力，看身边左右来去的男子，都没法重新放一个人在心上。

那些追求者，不乏比他优秀美好的男子。有的最初也用了十分力气和热情，无论是财力还是精力，无论是温柔待她还是有四射光芒，都很难打动她那颗封闭的心门。

多年过去，有人劝她，多看看身边人。她便也尝试跟一些优秀的男人约会见面。不断有人来了又去，倒是有个老同学，不远不近、不咸不淡地一直在离她不远的地方。关心不多不少，隔三岔五，言语不多，说一句便会掷地有声听起来诚恳实在。

但他普通、平凡，丢进人群便找不见了一般。他每天开着出租车穿行在大街小巷，像个影子一般。若要跟那旧情比起来，她觉得他们一个在天，一个在地。

可是三年五载过去，他还在她身边。似乎从未真正走近，也从未真正走远。他不恋爱，也不跟她言及爱情。但在她病时，他会及时出现；在她难时，他会及时伸手援助；在她哭时，他会及时递上纸巾。

她却从没将他列入考虑的范围，她在人群里来去选择，却又屡屡受挫。那些新人，光鲜亮丽的，出众不凡的，交往下去会发现，他们有的外表华丽，内在粗俗；有的外在儒雅，却只想玩段艳遇；又有一些人看着正直坦然，最终发现谎言连篇。她时而觉得无趣，时而受到打击。

她疲倦地回到自己的门扉里时，唯有那个旧同学，仍隔三岔五来给她的冰箱填满水果、蔬菜或牛奶，轻描淡写地说自己买时，顺便帮她带一份。她细细一想，他关心她的身体生活不止在言语上，而是在行动上。也唯有他，是过尽千帆后，还离她最近的那一个。

她一伸手，他便会握住并不再放开的状态。

只是，她从未对他伸出手。他以一个老同学的身份，一直活在她的生活里，一直在她的身边。有时像闺蜜一般听她诉苦闲聊，有时像哥哥般陪她去见新对象或是见亲朋好友，有时，他又像老妈一般，为她安排生活饭食。

他带给她的，是份看得见摸得着的踏实。而那些在信息网络里为她写情书、跟她说风花雪月的人，像是天边美丽的云彩，可远观欣赏，却捉摸不定。那旧情也一样，活在照片里，活在心里，却都没有真实地活在她身边。

我们最终要选的爱情，不是那个人有多好，也不是过去那些很好的人。他们再好，都只是过去。他们再好，却不在身边。唯有那个愿意并一直随时可以出现和陪伴在你身边的人，才是你当下要爱并值得去爱的人。

自虐式爱恋

她最近爱上一个男人，他是跟公司有业务往来的客户，为人很优秀。但如此优质的男人，大多已经是别人的了。

因为业务需要，他们见面的次数频繁起来。一起出入的场合也很杂，娱乐休闲处、公司现场或办公室。常是他开车来接她，再开车送她回去。来来往往间，她暗生别样情愫。

只是她不确定男人的想法，于是开始留心他跟自己在一起时的蛛丝马迹。对她笑时的目光，照顾她时的细致，跟她说话时的轻柔，下车时为她打开车门时的体贴。思来想去，似乎觉得他也是有意的。

可是他的立场一定不能先说出喜欢，自己的立场也一样不适宜说出喜欢。这样一想，她便觉得万分痛苦，一份不可能的感情在萌生，而且在她看来，是那么的真切。于是再见他时，她的眼神不一样了，语气不一样了。甚至觉得他看自己的目光里，也多了几分幽怨。

开始自己写日记，句句含情，字字带泪。仿佛那人是跟自己受了莫大冤屈而被现实分开，不能相爱，只能相望，默默把泪垂。如此一来，她变得万般忧郁了，情绪也起伏不定，工作时常走神。看电视电影时，也不再看喜剧恐怖类，而是挑了悲情剧来，只看得一把泪一把涕，在别人的故事里流自己的泪。夜里睡不着，起来喝酒抽烟，然后看到窗外天光发白，顶着疲倦去上班。有朋友问起，则是未语泪先流，言说爱上一个不该爱的人，而那人也是在两难间受着折磨。

后来的某天，心心念念的那个人邀她周末一起吃饭。她十分欣喜，觉得要不就勇敢踏出一步，爱就爱了，哪管结果如何。只要是爱，哪怕飞蛾扑火，哪管粉身碎骨。

打扮妥当前去，发现他的妻儿也在。原来他常在妻面前提到跟她共事，一起出入，怕妻误会，特叫了她前来介绍家人一起认识，然后成为自然的朋友和共事人。她的心此刻才觉得是真虐，从前种种想象，在此一一坍塌。

不久后，她又在公司间的联谊会上见到他。他对待所有女同事，都周到细心，眼神温暖，笑容明亮。原来，不过是她自作多情一场。

有时候，你为一个不可能的人或一段不现实的恋情忧伤至极，误以为对方也跟你一样魂不守舍、无可奈何，所以觉得那忧伤也很美丽。便一边拼命往那情结里钻一边拼命喊痛喊救命。事实是人家那边云淡风轻、毫无邪念，于是你的伤春悲秋就变成了一个笑话。而那些你以为彼此都在受内心想爱不能爱的煎熬，则只是你一个人的自虐式爱恋。

深爱，就没有困难

他们相恋多年。最初，彼此的父母是不同意的，因为是异地恋，也是姐弟恋。她有些犹豫，但那一点儿迟疑敌不过她对他的爱，所以不远万里跟着他去了。

一起面对了来自亲人朋友各方面的精神压力，也一起面对了一无所有的生存压力。在小小的出租屋里，他们用自己的全心撑起了这份烟火爱情，同甘共苦的岁月里，有过不少难以想象的艰难困苦，但因为深爱着对方，一切都不是问题。

多年后，感情趋于平淡，好不容易在一起的两个人，渐渐有了怨言。她开始嫌生活仍没有起色，开始更加思念父母家乡。他也出口责怪她不会持家，怨她的心其实并不安定。慢慢有了争吵，有了厌倦，直到感情里有了第三人。

她不顾一切要离开，虽然离别彼此也有泪水，但少了她的迟疑停顿，少了他的坚决挽留。于是很快天各一方，彼此都愿意静下来想一想这份感情是否合适。刚开始的日子，也都是困难的。那么多年的相爱，毫不相干的两个人，早就像成了血脉相连的亲人一般。要放下，自然还是很不舍的。

但他求她回去时，她却狠心拒绝说再等等。当她生病后想起他的雨夜里、电话拨过去却一直无人接听。后来，有些灰心的两个人，都开始习惯没有彼此的生活。一个不提回去，一个不提来接。不提回去的人，理由是父母年岁渐高，需要人在身边照料。不来接的人，理由是没有钱、没有能力给她一个安定的生活。

如此拖延下去，最终是正式提出分手。他人问起，两人便各自解释道，异地恋的确困难，经济不稳定也是困难，父母亲人不支持看好的恋情更是困难。仿佛随口一说，就有千难万阻横在两人之间。看来，也只有分手才是对彼此更好的结局。

云淡风轻地说了再见，虽然疼痛，却没有了最初要被分开的那种撕心裂肺，也没有了最初那份拼了命也要在一起的坚决。

其实那些困难，都不是最困难的。他们最困难的事情，是不再深爱对方。美好的爱情童话故事，永远是两个人的事。一个人的努力和坚持，就算得到的，也只是爱的感动或回报。两个人同样深爱，爱情里就没有特定的困难。这在于两个人是否愿意一起面对困难，是否能一起坚持解决困难。

爱如温水要趁热

他们是同乡，在异地打工时相识。

她是在感情上受过伤害的女子，最初的那些疼痛，总是比较难以治愈。所以每个人都会用不同的方式去面对那样的打击，而她的方式带些玩世不恭和自暴自弃。

他是正直善良的男子，没有恋爱经历，第一次因这眼前的人动心，便就此成了心头的结。

在异乡作为同事出现的他，为她担负起一个多面的角色。像父母亲人，如兄长朋友。听她倾诉，看她流泪。24 小时为她开机，凌晨也接她电话。哪怕她只是醉了随便拨出的号码，哪怕她叫错他的名字，哪怕她说了一堆语无伦次他完全没听明白的话，哪怕她说完后自行睡了，剩下他失眠到天亮。

同乡聚会，他的目光也只追随她。为她拉椅子，拆餐具。一定要坐她身边，为她夹菜，为她盛汤。若她拼命喝酒抽烟，他也不用言语去阻拦，因为他知道她性格我行我素，不喜说教。于是折中的办法是为她善后，在她醉酒后背着她走过长长的街，安全送回她的家。为她清理屋子，为她打点生活日常；还有解酒的药，醒酒的汤；清凉去火的茶水，润嗓子喉咙的糖……

如此点点滴滴琐碎的好数不清，道不完。

但每当他对她说爱、说要照顾她一世时，她都会调侃地说，信什么不好，信爱情！

他站在原地看她走远的背影，无可奈何又不肯就此抹去。而不久后，她便跟某个异乡同事恋爱了。在他眼皮底下出双入对，同乡聚会时也带了那人来。在他面前秀些暧昧，想来是幼稚又过分的行为。

他看得心里难过，却仍然什么都不说。席间只留心那男人待她如何，最终觉得那人只是与她繁华人世为欢，并无真心护她。尽管看得明白，却没法提醒她。于是席间他又频频给大家盛汤倒水，那样，便也能假装一视同仁地照顾到她。

这样的坚持，并非一天一日。但漫长的付出里，他得到的回报仍是她带给他绵长的伤害和无视。他渐渐搞不清她是为刺激自己死心才在情场里逢场作戏，还是真的不喜欢这样的自己。

怀疑地久了，便也渐渐心灰意冷起来。后来，只好接受了其他追求自己的女子。

而她在某个醉后的清晨醒来，觉得口干舌燥，头晕目眩。宿醉的苦果让她变得脆弱无助，那些烟让嗓子疼痛，那些酒让身体备受煎熬。

她突然想起他，才发现他很久没有联系自己了。而她此时想来，才觉得他如冬日里的太阳一般温暖。他总是在她寒冷难过的时候，递上一杯温度刚好的水。而那时的她，惦记着各色各味的饮料，所以将他递来的水放置一边。

等她终于厌倦其他的饮料想起那杯水时，却已经变得刺骨的凉了。

难忘的情话

他们相识相恋前后有 10 年光景，男人属于比较家常型的那一类。踏实肯干，一心攒钱养她、养家、养彼此的未来。为此，男人觉得自己没有多少精力去实现女人都喜欢的浪漫行为。类似那种“我若要抱你，就得放下怀里抱的砖”的情况。

女人也并非愚钝之人，想来浪漫应该多如烟花，夺目绚烂但只是瞬间带给人激动和美好，而绵长一生，必得有可靠可托的实在人才是根本。所以心甘情愿陪着男人过了数载平淡的烟火时光。

但人心总归经不起更长时间的磨炼，时日渐长，女人也渐觉日子枯燥无味。看爱情剧时，常因某些浪漫台词或场景勾起泪来。那泪一半是感动，一半有了委屈和不满。

先是有了骚动的心，接下来便有二意。女人在微博里关注了一个男子，看上去那是个感情颇为细腻丰富的人。那人不爱转发那些被转播滥了的各种语录，他所有的微博都是原创，再配上各种唯美图片。

初时，她也猜测那些原创句子是不是粘贴来的，于是好奇地复制去百度搜索。结果发现，无论一句还是一段，百度都没有重复。想来，便是那人的原创了。微博每天都会更新，一言一语一段文字，都灵动诗意。情深意切，又直击人心。后来，女人便开始评论，一来二去，便有了联系。

正当女人觉得生活变得不一般时，倒是家里的男人先行出了轨。不过是事业稍有起色，频频跟老板一起出入应酬，结果在诱惑里有了身体上的偏差。但男人是爱女人的，事后种种道歉求饶。女人一时接受不了，奔出家门，独自去了酒吧。思前想后心里太堵，负着气联系了微博里那人。

就那样一见如故，虽以为是赌气报复，见面后却发现不是那么回事，女人只是需要一个导火线罢了。

情变也就一瞬间，家里的男人无法因事业停止出入欢场，女人便也继续与那微友频繁有了联系。

只是那新欢小了女人整10岁，当女人面临选择时，左右为难，迈不出步去。问那新欢说，你大好年华，跟我纠缠不清不会怕吗？那人握紧她的手说，怕。怕老去时你先行离开，留我一个人在这毫无意义的世上……

只一句，女人便泪流了一脸。

回去后，坚决地收拾了行李离开。家里的男人连挽留方式都那么没有新意，没有情话没有温柔，只是摔了杯子说，10年感情就抵不过一次错误？你就不能选择原谅？

女人沉默半晌后，承认有了新欢。男人听罢详情后含怨道，可怜10年居然敌不过10天！

女人没有回答，也没有留下。

或许10天和10年也真的没有区别，也或许瞬间和永恒有时也会一样。一个人给你的爱，不在于时间有多长，有时只在于有多少意义。而女人被打动和留恋的，不过是那新欢的一句情话。尽管那情话也如烟花，却瞬间照亮了女人的心，并能定格成永恒。就算一朝那说话的人已经忘却，想必那听的人也会一生记得。

Part 3：爱如烈酒，饮需有度

爱情有时就像一场酒宴，那想与对方拼却的一醉，常常只有你一个人醉。可能你太豪爽，你太实诚，你太体贴太为对方着想。总之，当你用尽全力去饮了这杯爱情的酒，然后醉得一塌糊涂。可对方呢，却抱着双臂清醒地看你表演。第二天，醒来的你得到的，是一场生不如死的独自宿醉。

像孩子一样去爱

他天南地北地跑过许多地方，虽然在应酬时常常要言不由衷，在谈生意时要留心钩心斗角，却始终保持着一颗纯净简单的心。这就像他明明有些高大壮实，却有一对极不相称的酒窝。

她是经历过许多生活曲折的女子，表面上不动声色，心里却暗流起伏汹涌。对人事保持着距离和观望态度，对爱情更是戒备如常。在闺蜜姐妹中，她俨然是个情感专家。有问必答，解决她们的“疑难杂症”，帮她们出谋划策。或分析男方的意图和目的，或献上种种攻心之计。

他们是在一个谈生意合作的酒局上遇见的，那天他做东，热情的笑容一直挂到最后。语言里带些狡黠和滑头的味道。她觉得他一定是个行走江湖的老手，一定心深似海难以捉摸。

那天后，他开始频频联系她。第一次见面吃饭时，他就在她面前打翻了醋碟，碰倒了酒杯，甚至还会脸红，在她一本正经带着挑衅的注视下，说话都开始口吃起来。

她在心里想，他一定是假装的。在交际场里那么游刃有余的一个人，怎么现在如此无措？她在心里想了好多种关于他拿下自己的计划或阴谋，认为他只是想在女性面前装害羞来表示他没有恋爱经历，为了让自己先卸下防备。

她暗自好笑，于是气定神闲地看他表演。

分开后，她总是矜持地保持淡定不主动联系他，虽然她心里并非不喜欢他。要是他一整天没联系自己，她便暗暗想，他一定是故意的，一定是看自己会不会忍不住想他先给他发信息。但每次他都坚持不到第二天，电话就进来了。开口就说好忙，所以没联系。她一边暗自开心自己赢了，一边暗笑他还在装。

但约见的次数多了，她发现他似乎并不是装的。每一次见她，他都紧张又小心翼翼。而每一个白天，他都是真的在忙工作。她接受了他的爱，但她的戒备心还是在，她担心他或许要在得到后才会原形毕露。

后来他说，在工作上显得油滑是纯属无奈，为了生存而表演，但在她面前，他很开心可以做回真实的自己。在爱情里，他其实像个孩子一样单纯而没有心计。每次看她给姐妹们出主意时，他都会不解地问，为什么这么复杂？为什么要忍着呢？难道不是想对方爱对方就要说出来表现出来吗？

她哑然，看着自己做碗面给他吃都会笑得像花开一样的他，她突然觉得很惭愧。她把爱情当成了一种战斗，计较谁付出的更多，计较是不是太热情就显得卑微，计较谁爱得多谁爱得少，谁输又谁赢。这样去爱，或许争取到了更多被动的骄傲，却少了心无旁骛的快乐。

而他，没有心计没有保留地表现最真实的自己，说最真的心思，给最足够的热情和爱，就如孩子一般纯粹和简单。那样去恋爱，无论是付出还是收获，或许才会感受到最大的幸福和快乐。

爱如烈酒，饮需有度

他在一所中学教书，一到假日，便四处行走。她结束上一段感情不到半年，在对爱的失望又渴望里左右张望，举步维艰。因为回首是疼痛，向前是惧怕。

他们是同城的驴友。一次旅行相遇，他在她的眼里看到猫一样惹人怜爱的痛楚，于是一路上处处体贴关照，默契之外，彼此心里暗生别样流转情愫。

是难得的有共同爱好和价值观的人，一别回城后，网上联系频繁。很快他生日那天，就约了她跟朋友同庆。人群中，她一曲歌唱罢，男人眼里涌起的爱意就更难遮掩了。她的那份灵秀和那份恰到好处的忧伤，很快打动了他的心。

而她眼里认识的他，学识渊博，情感细腻，为人诚实善良，与自己有聊不完的话题，还有风度翩翩的外表。坠入情网仿佛是瞬间就一拍即合。不需过多语言，眼神便透露了彼此汹涌的爱恋。她不再惧怕犹豫，接受了他火一般的热情。仿佛在酒桌上遇见多年不见的好友，三杯五盏饮了下去，完全不用推辞和耍任何心计。

那场爱情，也就是那样带着轰轰烈烈义气般的味道拉开序幕的。

他对她呵护备至，任接下去相处的日子里，发现她有多少小性子大缺点，都一并打包接收。只说你怎么样，我都爱；只说，这一生，遇见你马上是末日也无憾。她深陷于他的柔情蜜语中，觉得此生得这一心人，便可白首不再离分。

不过半年光景，他便怯怯地告诉她，自己要被调回家乡中学。是由父母亲人操办做主，也是他们曾经一起盼望的人生规划。如此倒不算什么大事，若他要走，带上她也是可行的。可他又迟疑着说，家里其实早有订过婚的未婚妻。而且已有多年光景。他辩解那也是父母亲人的意思，他与那个女人，没有爱情。

这样的话，在此时她听来，只觉得万般可笑。爱情与身体，爱情与婚姻，在男人看来，也许完全是两回事，可以剖离开来。但归根结底，那只是个借口。虽然他也流下泪来说，看到你，太想爱，结果带给你伤害……

他不肯说对不起，理由是相爱的人不说对不起。

她擦完泪，转身离开。明白这场酒宴到了散场之时，只是这酒宴里，因为自己没有保留，所以尽全力在拼命豪饮，虽然没有那么高深的酒量，却觉得有必要舍命陪君。

只是那君，却只是逢场为欢，饮完散场若无其事。

剩下她独自一人，一觉醒来后，才深感这场宴席留给了自己痛苦宿醉。那爱过的点点滴滴，一言一语、一分一秒，像酒精在身体里未能挥发，刺激到胃、心、脾、肺等各个器官。那动弹不得的感觉，生不如死、苦不堪言。

也就是如此定义这场爱像一场酒宴，她便知道酒精迟早会挥发。然后自己在时间的安慰里，再次醒来。她想，下一次恋爱不能再毫无保留，因为爱情有时如烈酒，应有斟酌应有度。

让他知道不能错

他的第一个女友温婉柔弱，他从上大一时第一眼见到她起，眼里心里就只有她了。她亦同样，于是在校园里开始花前月下、海誓山盟。

有一次他在新闻里看到一女子的男友变心爱上别人，女子伤心之余用硫酸泼伤了男友跟新欢的脸。当时他心惊胆战，转念问怀里的她，要是我哪天犯了错，你会怎么对我？

她轻笑，我爱你，舍不得让你受伤害。你若错了，我也会原谅你，我尊重你的行为和选择。

他听完，手臂一用力，将她拥入怀抱深处。嘴里说，你放心，你待我这么好，我不会做对不起你的事……

誓言果然只是爱情过场里的甜点，像田震唱过的歌一样：说过的话可以不算，爱过的人可以再换。他也一样。才过了两年，他就因表现出众在校园里成了风云人物。知道他有女友，仍有不少女生贴上来献殷勤。

最初，他也是有些无措的，慢慢也经不起软磨硬泡开始接受一些女生的邀请，比如借聊学习上的事一同吃饭喝茶。每一次他都觉得不是什么过错，面对更多诱惑时，又想着反正她也不会跟自己生气，就渐渐有恃无恐起来。从跟别的女生吃饭喝茶发展到看电影散步。

最终，还是没有悬念地犯了错，跟另一个胆大主动的学妹有了身体接触。学妹也是早就悄悄爱着他的，只是用了些手段来得到罢了。一旦到手，便不再如从前一般委曲求全，拼命折腾要他跟前女友分手。

他为了难，回头向她坦白这次真的犯了错。她听完泪如雨下，却是什么责怪的话也没有，仍是那句“因为爱你，所以尊重你的选择”。面对这样的简单平静、另一边的热切纠缠，他选择了开始一段新恋情。

新女友性情豪爽，心直口快，有时甚至有些泼辣。时静若处子，时动若兔子。温柔时，爱他待他如婴儿；暴戾时，会做出一副要撕碎他的样子。当他再次问到那个自己犯错后她会怎么样的问题时，她扬起眉毛说：不许错！感情上的错误要从小处杜绝。真要犯了，要么同归于尽，要么我诅咒你一辈子不幸福！

她说得咬牙切齿、目露凶光，他心里一拨一拨的凉意和慌乱。但女友转念又笑着说，只要你不犯错、不变心，我会爱你一辈子、对你好一辈子的！

他没再说话，心里却从此有了警钟一般，每每再有女孩贴上来，总会想起她的话、她的表情。毕竟，他也是喜欢她的，那么就像她说的那样，时时提醒自己不要再犯错吧。

他规矩了很多，不再跟学妹学姐玩任何暧昧，前女友也断了联系。她果然也对他很好，事无巨细，面面俱到。如此一来，这份感情倒也安稳了起来。毕业后不久，他们就结了婚。

多年来，他每次面对诱惑时，都会不由得想起她的提醒。是她让他知道不能错，所以才会有顾虑和自我警示。而前女友，以为爱就应该尊重对方的行为。其实男人有时像孩子，需要让他知道有些事是不能错的。

缄默的爱

他们相遇，互相吸引并爱上对方。你侬我侬、情深意切时，却很快面临了分别。

曾经，他说过他忙着做生意成事业，她说过忙学习忙着打造自己。所以分开后，他们的联系少了起来。有时三五天说一次话，有时十天半个月失去联系。他们也很少再说情话，联系的时候，只是在 QQ 或手机信息里发个拥抱或是微笑，抑或是流泪的表情，或是说我想你。但那似乎也只是一时的情绪，说完停下来，彼此又投入了自己的生活当中。

他们相距不近，各自的生活状态并不是十分清楚。他们不知道彼此的行踪，也不干涉过问。她也会突然地消失，多天不见人影。他以为她只是隐藏起来学习，抑或是独自去哪里做短期旅行。

而他消失的时候，她认为他是忙着工作，忙着谈业务，忙着见客户。有时她也是会猜测的，他真有那么忙？忙到每天发一个信息打一个电话的时间都没有？他是不是还有另一个或多个女朋友？抑或他已经有了家庭？或是跟她只是逢场作戏、备在某地的一个红颜知己？

虽然这样想，她却从不问他。他联系她，她便回应。随着他的感情投射程度来确定回应的轻重浓淡。他若激烈，她便附和；他若礼貌，她便客气；他若道歉，她便宽容；他若说想念，她便微笑说希望各自安好。

她越来越沉默，像一棵树，没有他的风吹过来，就静止不动，连叶子也很少抖动一下。她从来没有要求，没有追问，没有怨愤。仿佛他们之间的关系，只在需要发生的时候才存在。如果他就此消失，她也不会觉得有什么奇怪。

他感受到这一点，似也觉得她对他无关爱情。

可是他不知道，在他猜测她在做什么的时候。她却正在想他，只是，她不会让他知道。也觉得不用让他知道，因为她已经向他表白过心迹，她说过是认真的，是用全心的，她也是随时在原地等他的。只要他的信息来，她便会马上回应。她也曾主动联络过他几次，他忙完再回复时，她已经变得淡然下来。

她想自己是爱他的，但那份最初一起狂热的爱情，在她看来也许只是一时情绪。而长久的爱情，却需要一种意志。这种意志包括不怀疑，或是怀疑了也不表现出来。沉默相对，待他自行决定和选择。

她首先做的，是表明她的爱。接下来的事，交给了他。他若来，她冒着多大的雨都会去接他；他若走掉，她会当他没有来过。她只是学会了缄默地爱一个人，不去责怪和增加对方的心理负担。不纠结，不纠缠，不过问。因为那些负面情绪，在她看来是对爱人的一种伤害。

这个时代的爱情，错综复杂，形式繁多。所以那些匆忙的短暂热恋只是情绪，不是爱情。我们都需要一个较为漫长的时间，在彼此的缄默相对里，看清彼此的心，看清彼此的人。如果真相是彼此说的那样，真正的爱，才会像巨浪下的岩石一般显露出来。

爱得不够，别找借口

她是北方人，没家世没钱权，在南方沿海城市里，只是一个渺小的打工妹。他是本地人，父母在澳门做生意，自己有正式的工作单位，日子过得无忧无虑，只差一场轰轰烈烈的爱情。

喜欢她什么呢？他心里是有数的：她漂亮清秀，带在身边有面子。她表面冷漠，内心火热，这样的人给的爱，会如夏日的骤雨、冬日檐上的冰凌，绝不会不愠不火。激烈的爱里，总要有痛有泪有分明的感受才好。于是像琼瑶小说里的人物一样爱了，一天 N 个电话，N条信息，夜里枕着手机里的温言侬语入睡，一日不见如隔三秋的焦虑，总之都全身心入了戏。

但终究不过是戏，总有散场的时候。雨会停，冰会化，烈爱也会乏味会淡。当一切只剩下最后一个环节即婚姻时，他退却了。含泪说抱歉；泣不成声说不舍；对天发誓说是真爱，可是……可是有转折。

借口听起来很合常理：他尚年轻，家里全由父母做主，这里人的观念是绝不会娶外地女子进家门。父母年纪大了，不能生气，若再提，母亲也说以死相挟要他们死心。

他罗列诸多不利，比如婚后会被家人看不起，或会被赶出去独立门户，会很苦。他不想连累她，不想她跟着他受苦……他声情并茂，他一脸愧疚。

而她却已看出那泪水后面的虚假，她说，早知如此，何必当初。爱得不够，别找借口……

虽然撕心的疼，她还是全身而退，留最后的自尊转身离去。也有周围好心人说，的确如此，当地的风俗就是如此，你也别怪他……

她冷冷一笑，心却如明镜一般透亮。风俗只是表象，爱得不够，才是真正内在的原因。爱情里有一个人不愿努力，纵然只是一个小小的沟坎，也难以跨越过去。

为你消失在人海

她是开朗健谈的女子，在公司里，是领导的得力助手，是同事的有益伙伴。聚会上，她总是焦点，光彩照人，谈笑风生。就连回了家面对网络上那个世界，她也是个妙趣横生、惹人爱怜的乖巧女子。

她的世界里，五彩缤纷，似乎全是美好充实。后来，总觉得生活缺了什么。原来是在最美好的时光里，没有爱情。

其实心里是有人的，是同事。平时在一起时，她与大家嬉笑打闹，不分彼此。唯独在面对他时，有些顾虑。他是沉默安静的男子，不苟言笑，也不喜欢参与大家的活动和聚会。

越是如此，越让她多了份关注的心思。有时她也试着跟他开点儿玩笑，说点儿有趣的事情分享，或是力邀他加入同事的休闲活动里来，但一一被他客气拒绝。

有同事提醒她说，姑娘，你选错了对象，他不适合你。

她偏偏不信，关注了他的微博博客，了解他的一举一动、一言一行。发现原来他不想说、不想口头分享的，都留在了网络和文字世界里。在那个世界里，他睿智灵动，格调风趣不失稳重。

沉迷和爱上，仿佛就是一刹那。

她总是主动在网上跟他聊天，回复他的每一个动态，作他每篇文章的第一个读者。当他发现她的回复评论原来是深入他心时，才明白看上去大大咧咧的她，也有一颗细腻聪慧的心。

但他还是犹豫说，我不好动，你太闹了，我怕我们不合适，我们不像是同一个世界的人。

她说，爱上你，也会爱上你那个世界……

他只好沉默，不再做回答。只是见她一改往日的生活状态和习性，上班只工作，下班就回家。网上只跟他互动，再无其他你来我往的关联。

一次他出差一星期，不方便上网。回来时，寻思她是否又跳进了那个让她如鱼得水的欢乐人海。但是他看到了她的 QQ 签名：如果你不在，我更习惯一个人消失在人海。

那一刻，他被打动了。像她说的那样，在人群里喧哗，是因为内心寂寞没有找到伴。而他，是那个让她灵魂安静下来的世界。有了他，外面的世界再绚丽，都不过是刹那繁花。

爱上一个人，便有了他拥有的那片天空。那个人，就此变成了自己的整个世界。那里再也容不下其他虚空的浮华，再也不需要其他多余的打扰和陪伴。尽管那个人，可能最初跟你看上去完全像是两个世界的人。

不要对我太在乎

她自小父母离异，对于爱情，她是有些惧怕又没安全感的。

断断续续恋爱了几次，都无疾而终。她将这归咎为自己不够喜欢对方，所以就算分手了放弃了也不在乎。她一直在等那个她在乎的人出现，直到遇见他。

只一眼，就心跳如鹿撞，就确定那是爱，于是主动迎上去争取了。倒也是可爱又美好的女孩，和优秀的他站在一起，算是珠联璧合一般。

就那样成了恋人。

一晃，几个月过去了，爱情最初的盲点渐渐褪去，彼此淡了激情，眼里可以看到不满了。比如他总是工作太忙，没有时间陪她。刚认识时，他会千方百计抽空发信息打电话给她，会想方设法赶完工作来陪她。就算偶尔实在忙着无法陪她，她也会乖乖地说没事，宽容大度地做婉约懂事的女子。

后来开始有了失约的第一次吵架，他先是事后买了花买了礼物来赔罪来哄她，直到她破涕为笑为止。可她生气发脾气的次数越来越多，不再是因为他迟到或失约，有时也只是他多看了别的女孩子一眼，或是 QQ 上跟女性同事说了话，手机里存了重别相逢的女同学的号码。抑或是哪一天出外工作没有汇报地点和同行的人员，公司聚会跟哪个女同事坐在一起，回去时顺路让哪个女同事搭了车……

诸如此类，鸡毛蒜皮，无法杜绝的正常社交和必要的男女联络，她都放心不下。每每生闷气到发脾气，再升级为吵架。不欢而散越来越多，有时他弄得无可奈何就不管不顾气极拂袖而去。

她静下来想想，觉得自己不过是无理取闹，于是又回头打电话发信息求他原谅，求他不要生自己的气。道歉的理由里，永远有那一句：我会常和你吵架，常和你发脾气。只是因为，我对你的在乎，越来越多。

开始他看了这句话，心就软下来。的确，一个人在乎你，才会吃醋，才会在意你跟别的女人有一丁点儿交集，才会胡思乱想害怕失去。这样一想，就重新再去见她，将小猫一样我见犹怜的人儿拥进怀里。

但下一次没有任何蛛丝马迹，她仍然控制不住情绪和猜疑，照样河东狮吼或是当众让他下不来台。

他当然是会累的，时间会磨掉耐心，也会增加失望。他不再愿意听她所谓的“太在乎”，他提出分手，理由是，你的太在乎让我疲惫，你不要那么在乎我，或许我们还不会这么快走到尽头。

她一脸泪水又一肚子委屈，望着他走远的背影想，难道太在乎一个人也是错?

其实在乎一个人没有错，太在乎也没有错。只是这种在乎，需要适当的表达方式。你可以在他倦时颓时安慰他，可以在他累时照顾他，可以因为在乎他而为他做些贴心的事，说些贴心的话。而不是用在乎做借口来占有对方或让对方不快乐。

那么如果你在乎我，就不要让我为难。如果你的在乎让我感受不到爱，那么还不如不要太在乎我。

不忘初心，方能始终

初相识时，他觉得她温婉动人、处处都好。要数起优点来，不假思索都可以罗列一串。她疑惑，我有那么好？他刮她鼻头说，傻瓜，你都不知道自己有多好！

是啊，那么好的自己，被他爱上也是情有可原的吧。那么好的自己，被他发现了，那么爱上他也是情有可原的吧。不是说爱上一个人不光是看对方是什么样的人，还要看自己在对方眼里是什么样的吗？

所以，她也愿意看到他的好，如果要罗列，他的优点长处也一样有很多，不是吗？况且，他们都是渴望在浮世里拥有真爱深爱的人，都是惧怕伤害欺骗变化却又十分崇尚爱情的人。那么，有什么道理不相爱呢。

可是，相爱一段时间是件不难的事，相爱很长一段时间就有了难度。当大家都不太愿意面对太多难度时，便学会了冷却冷淡、逃避和遗忘。有了争吵，有了厌倦，有了埋怨，有了疲惫，甚至有了悔意和分开的想法。

再一次摩擦冲突升级时，他们有了冷战。各自生活，不再联系。初时都觉得如释重负，自由自在，清静利落。他下班后可以跟同事朋友厮混到深夜，或酩酊大醉，或欢歌轻舞，且度良宵。她觉得不用再每天掐着时间为他做饭，不用挖空心思配菜的花样，不用夜夜掌灯等他回家。原来恋爱真是一件累人的事，一个人要多自在有多自在，要那人何用。

只是，这样的想法不过是赌气时的一念起，很快就一念灭去。夜深翻手抚摸枕边人，空落落一片，心下才觉得黯然。爱久不光生厌倦，爱久也生习惯。这一生不过才走了一小段，便试图分开各自不相干，想来，真是件可怕的事。要是就这么匆忙轻易地放弃，去时路上，一定是会后悔的吧。毕竟，那爱和爱过是真的。

第二天等不及天亮，就赶了去见面。什么都不用说，彼此都已快被憋足的失落和相思击溃。原来只是像孩子一起玩耍赌气一般，偶尔都会闹点儿脾气和矛盾，却实在不能因此伤了大雅。

后来，他们约定，每次争吵时，一定要记得彼此相爱的初心。为什么当初会相爱？为什么当初想在一起？

当初相爱，是因为看懂了对方的好；当初想在一起，是因为想得了这人心便要到白头。看上去，相爱的理由很简单；看上去，在一起的理由也很简单。却不料爱的路上重重坎坷艰难。想要走到最后的恋人，一定要不忘彼此初心，方能得以一起执手偕老的始终。

爱情的沙漏

他喜欢她，接近她，追求她，一点一点对她好。早上对她说早安，晚上催她早些入眠；晴天为她戴帽，雨天为他撑伞；天凉时为她披上外套，炎热时递予她凉茶；线路坏了、马桶堵了他来修，送她上班接她下班……

这样的爱，不是空口白话，是落实到衣食住行具体行动上的。她看得出来他是真心爱自己，但是她的回应很小很慢。他是极普通的男子，不能让她一眼就心动心跳，她觉得自己不能这么轻易就付出对等的爱。

所以，她心安理得地接受他对自己的好。在天长日久的琐碎点滴里，感受公主一般的待遇。

后来，在他的耐心和体贴过程里，她一点一点被融化，被打动。她越来越感动，也终于开始慢慢回应，会主动联系他，会在言语里关心他。可是她发现，他的好却在一点点减少。直到后来，她觉得自己完全爱上他了，想跟他一生相守了，他却似乎忘记了追求她的意图是什么。

他有些冷淡了，会借口说忙了，会忽略她了。她怅然若失，也委屈地想不明白是什么原因。明明是他追自己，却在自己爱上他后，态度和情形完全起了变化。

不久后，他对朋友说起原因。只是他觉得爱累了。此前这个为她付出的过程太久太慢，如今的他似乎耗尽爱人的能力和力气了。就像是一个沙漏，漏光了最后那粒沙一般。所以，他停在那里，空空的心悬着，觉得爱不动了。

她从他朋友那里听到了这番话，回头一想，觉得自己的确太过分。心安理得地享受他那么多付出和关爱，而自己做的，只是口头上的一些回应。跟他那份有形的爱比起来，实在显得虚情假意。

她想明白，回头主动找他。这一次，她为他下厨煲汤，为他洗衣打扫。嘘寒问暖，点滴送还他曾经给过的种种好。就像是将那个漏完的沙漏倒过来，将那些爱的沙粒再倒还给他一般。

朋友笑话他俩，说你俩若一直像沙漏一般你倒完了我再倒，那么就很快又会有一个人觉得疲倦而停下来。你们爱对方的表现和分量总在不同时间发生，就保持不了爱的平衡。

的确，在确定爱上对方后，我们需要一起付出和一起接受。爱情也如天平，彼此都在付出爱，对等了，才能平衡，才能稳定。两个人的爱情，不能用一个沙漏的形式来发生。就算一定要如沙漏爱情，也可以一个人一个沙漏。我为你倾倒爱之沙时，你用另一个沙漏为我倾倒爱之沙。我们彼此看见对方同样的付出，才能将一份爱维持得更久远，更恒定。

鞋跟上的爱情

她是个美丽的女人，也是个有能力的女人。学业有成事业有成后，剩下的就是追求生活的品质，这种品质大多落在穿衣打扮上。而她最沉迷的，是各式各样的高跟鞋，国内外的名牌，都由款式和季节的变化随手购回家。

后来她的上司，也是董事的儿子爱上了她。他风度翩翩，气质儒雅。知道她喜欢高跟鞋，便投其所好。礼物除了花，便是鞋。不管是中国的 banner 或 Belle，还是世界名牌 Nine West 或 Chanel，都毫不吝啬地订下来取悦她。

男人的殷切有心和大方，很快获其芳心。但你侬我侬不久，男人便提出了分手，原因是婚期已定，而他的终身大事自然是由其父做主。

男人没有丝毫愧疚，看着她一屋高跟鞋说，以后我还会送你鞋子，只要你愿意。她含怒带恨将男人推出门外，心里的疼痛当然不只是失去了一个愿为她买高跟鞋的人。

后来，为了尽快走出，她选择了新欢。新欢中规中矩，看上去老实厚道，巧的是他的工作就是设计和研究各种各样的鞋子，那是个可托付的男人。

她不再年轻，家人再三催促一下，便嫁了过去。婚后，她发现他给她的礼物里，从来没有高跟鞋，倒是房间里多出了许多平底鞋。明白他是想让她穿得舒服点儿，但她并不领情。在她认为，高跟鞋与平底鞋是每个女人心中的红玫瑰与白玫瑰，高跟鞋高贵典雅，平底鞋可爱俏丽，两者虽然各有各的魅力，但重点是，她追求的是高贵典雅。

那些平底鞋，一直安静地躺在鞋柜里。他也曾三番五次地试着问她，一直穿高跟鞋不累吗？脚会难受吧！穿太久对身体有影响的哦……

她生气起来问他，难道我出门还要带着两双鞋？

他一时没话可说，后来好长一段时间，他一下班就待在书房不出来。她有些不安，难道他也对自己不满且有了异心？

不久后，她生日。这个平凡的男人把礼物交给她时，她吃了一惊。盒子里是她的一双旧高跟鞋，只是鞋跟做了变动。他通过设计替换模块化的手段，将高跟鞋原本的鞋跟取了下来，制作成随时可以装卸的样子。并且根据鞋子的款式设计了平跟和另外几个不同高度的鞋跟，完成了高跟鞋与平底鞋的结合，可以随时改变鞋子的高度和风格。

她看着鞋盒半晌不语，他便有些不安地问，这样，你就可以轻松选择在上班时、外出时的不同场合需求了。如果你同意，我再帮你折腾其他鞋子。但，你不会怪我把你鞋子弄坏了吧？

她使劲摇了摇头，泪眼蒙眬地望着他笑了。曾经那个送自己名贵鞋的男人就如高跟鞋，华丽高贵，却让她疲惫。眼前这个送自己平底鞋的普通男人，让她感到温暖。因为他真的爱她，才会不在乎她是否高贵，而是从心底希望她舒服自在，并且愿意用心达成她的鱼和熊掌兼得。

找一份爱情来过冬

大学里，她见他一面，就喜欢了。他们是同乡，异地能成同学，彼此都有几许欢喜。只是他的欢喜跟爱无关，所以她痴心为他守了几年，却只见他的爱之箭射中多人，却唯独没有兴致向她。

她是爽朗的女子，明白有些爱情是一个人的事。便也不勉强，只是若即若离地在他身边，有时也结伴回家乡，有时也一起去吃个饭散个步。他心里，她是同学，是朋友，是同乡，就是无法成为爱的人。

他乡下的父母，多次在电话里问他有没有女朋友。他一直承认是有的，他也是一直有的。只是分分合合，没有停过。

大四那年冬天，父母责令他回家时带上女友让长辈亲戚们瞧瞧。在某些长辈心里，大学不光是学业有成，顺便也能成家，便似乎可以早些立业。可他的上任女友，却在秋天和他分了手。

眼见冬天来临，假期就到了。一边觉得没有了爱情的温暖而倍加寒冷，一边忧愁回家无法面对长辈的盘问。

圣诞节前夕，校内有同学在家里办聚会，邀请他带上女友去参加。只是不知他的女友，如今已与他无关。他左看右看，发现身边人还是当初那个她在。于是主动带她去玩，去游乐场坐旋转木马和摩天轮，到公园里闻花香听鸟语，夜半买了热乎乎的小笼包送到她宿舍楼下。

如此种种殷勤，大不同于从前。她看出他眼里的火光和热情，觉得他终于在成长途中发现了最值得爱的自己，而与他牵手，是她盼了多年的一个最美瞬间。所以，在那个冬天，她成了他的新女友。

那个冬天，他们互相取暖，一起度过了情人节，又迎来腊八和春节。他带她回了自己家，父母亲人见她与他是同乡，人又看上去朴素安然，一脸恬淡，便也欢喜。其乐融融带她见过了他的七大姑八大姨，她乖巧自然，跟他的亲人相处和谐，他便乐得清静自在，找了很久不见面的发小过去玩了。

离开他家，冬天也过去了，春天来了，天气暖了。万物复苏时，人似乎也开始复苏了。他也一样，回学校不过一个月，他就开始冷落她。处处挑她不是，说彼此不合适，言下之意是要分手。

她看他如此陌生，疼痛的心无法多言，只是要他给一个理由。

最终面对她清澈的眸子，他低下头说，对不起……

其实，他只是不该与上任女友在那个冬天来临前分手。那个寒冷的季节，从未空窗过的他仍然需要一份爱情来过冬。那个季节又有太多节日喜庆，若一个人面对，无疑煞了许多风景和扫了亲朋好友的兴。

面对他如此这般的解释，她哭着笑了。她知道，这一个冬天的爱情，解救了她对他所有的憧憬。从此之后，她会知道谁才是值得自己去爱的人。而真正的爱情，自然不分季节，而是牵了手，就要想过一生。

拐着弯想起你

他们正处热恋时分，因为工作原因，得两地来回。见面的时间不多，思念和等待便被一天一天拉长。

她在他们相恋相见的城市里，工作之余，抬头透过窗玻璃看到楼下的马路，想起了他。那次他来接她，带了她爱吃的西府小豆包。他当时就那样站在马路边的站牌下，仰着头张望写字楼上还没下班的她。

虽然远得只能看到彼此的身影，却都带着最深情的微笑。因为那笑脸早都刻在了心上，看到那个身影，就如收到对方的表情和深情一般。而此时，他没有站在那里，那里只是普通的马路。但因为他在那里出现过，那马路也变得不一样起来。

下班后，她独自走过汉江大桥。桥的第四根栏杆上，有个灯掉了下来。看着那个灯，她又想起了他。因为曾经他与她一同经过时，他顺手扶过那个灯，还仔细将松开的铁丝捆好。

过了桥，要坐一段公交车才能回家。18 路公交车过来了，她上车后坐到了最后一排，靠着窗时，看到那本挂在栏杆上的公交导读册又想起了他。记得那时一起坐的公交车上，也挂着这类导读手册。他还拿起册子来捂着答案读上面的礼仪题让她猜。所以只需一本相似的册子，她也是可以想起他的。

到了家门附近，邻居的小狗跑了过来，摇着尾巴向她示好。是的，又想起他了。他没见过这只小狗，但她向他提起过，提起过小狗的颜色、大小、脾性甚至叫声。于是，这只跟他完全没有关系的狗儿，也让她想起他。

回到家，洗脸时想起了他。因为他深情抚摸过她的脸，并且深情说过爱她。进了厨房做饭吃，看到锅，想起了他；打火时，想起了他；炒菜时，想起了他；开水龙头时，想起了他；端着碗坐下来，也想起了他；饭后回屋打开书想看几页，还是想起了他。如此种种与他并不相关啊，可为什么想起的还是他呢……

心烦意乱，走到院子里，想借自然美景的吸引转移对他的想念。可是，花影里，还是他的影子啊。

那么多与你完全没有关系的景物事件，都因为我和你正热烈地爱着，就变得跟你有关起来。看到它们时，哪怕在心里要拐上好几个弯，也还是想与你扯上关系。而当我爱着你的日子里，每一天我都要如此拐着弯想你很多次。

慎将爱情当动力

很多人心里，爱情自始至终是为上的。就算是女强人，也大多是爱过疼过后才减灭了对爱情的向往、重新投身事业、独立生活罢了。

小A，恋情起起伏伏，心事和生活状态也起起伏伏。她爱上的男人绝对是出众的，就算他低调沉默，仍然会惹来桃花一片、春光几抹。虽然男人也表示很爱小A，但两人有着各自的生活圈和生活轨迹。男人有事业，不能随时随地陪小A，有时一整天或几天都不与小A联系。

每天，小A都会将QQ界面打开无数次，看着男友那个在线却沉默的头像，心里就极不是滋味。可她深知爱情里一方握得紧，另一方必然想要挣脱，于是强迫自己淡定。总想着他不主动联系自己，就不要打扰他。但心里又有不甘，被左右去左右来的心时时揣着烦躁。若某天男友主动联系她，聊得欢心，结束后，小A便会信心大增、动力十足。平时闷一整天找不到工作头绪的她，这时不仅勤劳而且灵感不断。

但这样的情形不是天天都有，所以小A每天的状态都取决于她男友对待她的态度。虽然看上去有些幼稚，但仔细想想，每个在爱中的人，何尝不是被自己爱着的那个人左右了心情。他笑，你就笑；他怒，你就不安；他冷淡，你就伤感。他对你的态度，左右了你的工作、生活和情绪。而那些不被爱情左右的人，大多是因为爱得不够，或是本身他的人生观就将爱情放在次要的位置。

再看小C，是个感情细腻的男人。没有恋爱时，小C在工作上的状态还算平稳，虽然没有发挥大的能量，但也没有出现特别消极的一面。后来小C有了女友，整个像变了个人一样。有时来上班会容光焕发，还总是主动帮大家做他的分外之事，工作上的劲头也明显倍增。但有时又是一副失魂落魄、萎靡不振的样了，整个人瘫坐在靠椅上，鼠标不时去刷新邮箱或是点击QQ栏里的“最爱”，整天不跟同事们交流，工作也是草草了事。

无论是小A还是小C，抑或我们身边很多正在热恋的人，或许都遇到过这样的情况。他们是将爱情当成了动力。爱的疯狂热切时，爱就成了动力的源泉，成了对未来美好生活的希望。

但有句话说得好：“你必须找到除了爱情之外，能够使你用双脚坚强站在大地上的东西。”只有让理性战胜感性，找到爱情之外的东西并投入适当的精力，才能不将爱情当成你事业或工作生活的全部动力。

因为爱情本身就是一种充满了变数和动荡不安的东西。若将它当成生活的重心，定会影响正常的生活。轻则是欢笑和忧伤、幸福或痛苦，重则毁掉你的心态和人生。

如果不爱，哪怕伤害

他们相遇时，他已有相恋多年的女友。他在一家大型商场有个化妆品柜台，她来应聘做兼职，素衣布履，脸上不施粉黛。他一眼便觉得动心，与那些描眉绣唇的后天美女比起来，她像枚青涩的果子。脸上虽然带着笑容，里面却夹杂着些忧伤。他留下她，成为了她的老板。

他是个让另一半没有安全感的男人，因为出众的长相、翩翩的气质吸引了诸多女子。每天来柜台结账时，女孩子们总是热情又兴奋地围上来，跟他七嘴八舌地套近乎。只有她远远坐着，沉默得如午夜的月光。他的目光便常常穿过人群，落到她身上，忍不住想象她的故事和际遇、她的笑脸和忧伤。

女友与他的恋情终于走到了若即若离的地步，如果不能结婚，就只能走向不安和淡然了。于是女友那边用行动表达了分手的意图。他在她出游归来时，翻到坤包里的杜蕾斯。愤怒自然不言而喻，男人大多如此，只许州官放火，哪容百姓点灯。

大吵一架后，女友再次出走，表示就此不再相见。他独自在小酒吧里醉酒到夜深，然后拨通了她的电话。她虽然想拒绝，却又仿佛带着同情心和惧怕心，听他在电话里悲悲切切地呢喃，禁不住他万般请求，终于前来送他回家。

在凌晨冷清的街灯下，她扶着他走了很长一段路才到他的家门口。他拉住她诉说出女友的背叛，不知是伤感还是怨愤，眼角竟然滚下泪来。她心一软，一边为他拭泪，一边顺从他的请求将他扶进了屋内。他没开灯，却先突兀地吻住了她，她推开他夺门而出，不顾一切地冲进了无人的街头。

他有些不放心，追出来送她。却听她一路走，一路讲电话。刚才告知她的隐私，被她悉数说予他人，言语里尽是鄙夷。他心如刀割，咬紧牙站在街灯里，暗暗下决心要还她一个同样的伤害。

他不动声色，步步紧逼，对她倾尽柔情，并跟她回家见她的父母，承诺就在当年要娶她。小城不大，他带着她招摇过市，一时间，众所周知。他见她眉目开始明朗，便提出婚期。她也不免入俗，见他英俊儒雅，且家境殷实，又经不起朋友亲戚的劝说，一时间也胡乱应承下来。

婚期至了，他娶的人却不是她，而是一个比她貌美、比她时尚、比她有势的绝色女子。

她没有哭没有闹，仔细回想，忆起了那个晚上她受的伤害。明白原来他给的爱，全是为了报复那一夜，她那个无心的伤害。她理顺思绪，发现原本也不是真的爱他，于是坦然抽身出来，仿佛不曾有过那段情缘。她不怒，亦不悲不喜，依然安静地在小城来来去去。她无声地还击了他的报复：那就是他的伤害，她不在乎！

而从此他的心里，却空出了一个大洞，此去经年，仍一碰就痛。

假装很爱你

她跟他从小就是邻居也是同学，他情窦初开就倾心于她。青梅竹马有时只是一个人的美好爱情，他也一样，一路呵护她如兄长。从小学初中到高中，都扮演她的保护者。

但他最想扮演的男朋友，却从未有戏份。她高中时恋爱，对象不是他。因为怕对方误会，她有意无意疏远跟他的亲密关系。失落是表达不了他的心情的，但尽管心有怨念，却也顾虑着她的欢喜。所以一路远远看着，看她跟初恋分手，看她流泪伤心，看她辍学离开。愿意时，他便随时出现在她身边。

长大后各奔东西，再忙碌他也不忘关注她的动向。其间也看她恋爱几次，均因各种原因以失败告终。一晃都已大龄，他不顾家人催促迟迟不肯婚娶。直到有一天，看到她在 QQ 上签名说要嫁人了。才打了电话去确认，心存侥幸地问她，结婚了吗？她反问，你呢？他答，我在等你先结婚呢。

她沉默半晌，才轻轻说，我就嫁了……

他挂上电话，心里五味杂陈。想来，她其实知道他的心思，只是不肯说破。

不久后，他便也在亲朋好友的安排下相了亲，胡乱娶了个家人满意自己看着不讨厌的女子。虽然有些不负责任，但在他看来，这一生不能跟那个人在一起，换了谁也都一样。

果然也是如此，婚姻里，因为他的距离和冷淡，时时存在硝烟。日子过得鸡飞狗跳，他却不知悔改，寄出去的心收不回来，虽然做的只是悄悄关注她的动态。

直到见她被丈夫无情抛弃，独自带了尚小的孩子回到娘家。他再也耐不住了，三天两头去关照她们母子。家里老婆也受够了这样的冷暴力，正好在外面跟赌友有了新的桃色事件，于是主动提出离婚走了人。

那个重新回来的她，心里明白他这小半生的不幸福是自己带去的影响。觉得不能再拒绝和辜负他的爱，于是终于接受。看似美满地成全了彼此，但是她心里，往事历历只有自己清楚。爱过的人还在心里抹不去，而对现在身边的他，有的只是感激而已。

只是不能那样表现，那对他太不公平。所以她在他面前，极力装出开心幸福的样子。尽全力地对他好，洗衣做饭极尽温柔，人前人后，人们都看到一副和谐、幸福美满的画面。

他每次深情对望她，对她说爱时，她都极力用清澈的眸子正视和接受他的深情，并且回应说我爱你。但是从小一起长大的他，还是看出她那些尽力掩饰的飘浮心事。其实他知道，她的心还没完全收回来。

日子一天天过下去，他倾尽所有好待她。她也倾尽所有温情回应他，假装很爱他。天长日久后，她慢慢发现，自己似乎不用再假装，一颗心在依着这个人时，终于有尘埃落定的欣喜和安定感。

再后来，她回应的“我爱你”三个字已很自然。而他心里那面委屈的墙，也就此倒了下去。彼此的假装，成全了一段爱的过渡。是他的不动声色，击败了她的假装。直到那份爱，不用再假装。

你怎么舍得让我滚

她嫁他时，他前妻去世几年，留下尚不足10岁的一双儿女。两年后，他们也有了一个女儿。他有份正式的工作，他是个温和的男人。她爱这个男人，倾了所有心血照顾他前妻所生的两个儿女，甚至有些刻意地忽略自己所生的那一个。

但那两个不大不小的儿女，常常对她冷言冷语，叛逆任性。她在他们面前忍气吞声，好言相对，背地里流了不少泪。他是知道她委屈的，所以对她的爱，一直细腻如同呵护婴儿。他们都相敬如宾，相亲相爱。没有争吵打闹，有的都是理解、体谅和宽容。

某次，她娘家有喜宴，他忙于工作没能陪她一起去。她叫去的人，也多是自己同姓的亲朋好友。宴席上有人问到他怎么没来？她有些尴尬，推说他很忙。偏偏问的人不罢休，不屑地说，他一个普通职员能忙到哪里去。

她沉默笑笑，心里憋了口气，席间便多喝了几杯。回去后，他正和邻居下棋，她看了很是生气，便说，让你陪我去吃喜宴，你说忙，现在却有闲心在这儿下棋。

他轻描淡写地说，你去了就一样嘛。

她更气了，拿了家里的酒一边喝，一边抱怨他没去给她撑面子。后来渐渐醉了，就越说越激动。他见邻居在家里，也有点儿没面子的样子，就嫌她小题大做，三言两语争吵起来。她是真醉，口无遮拦，口不择言。最后，她说，你给我滚，这房子是我的！

他愣了，的确，他的工资不多，用在家人生活上。这栋刚盖好的新房子，是她用做生意攒下的钱盖的。他虽然没有出钱，但心血汗水一样没有少付出。听她这样说，他心里实在难过，一反平时温和宽容的态度，回屋收拾几件衣服就着黑夜出了家门。

邻居们要去拉住他，可她也在撒酒疯，扔了酒杯，踢了茶几。大概平时的种种委屈也在那时爆发了，所以没有人挽留他。

他在黑夜里顺着公路走了很远，也不见她追来。于是胡乱拦了辆车，想去火车站。结果半路就被赶下车，他身上没有钱，平时工资都是交给她管理。一时没办法，只好去了朋友家想借点儿钱再作打算。

朋友见他半夜来访，还要借钱，觉得十分奇怪，所以不动声色先将他留了下来。第二天悄悄联系她，说他在自己那里。酒已经醒了的她，急忙赶去接了他回来。

回来的车里，她握着他的手嗔怪说，我不过是说醉话，你怎么就真跑掉了！

他憋了一晚的委屈，一下子溃散开来，居然像个孩子似的掉下泪来。他说，我们这么多年没闹过矛盾，没红过脸。你却让我滚，你怎么舍得说让我滚，所以，我只好滚了！

她什么也没说，只是将他的手握得更紧了。

如今，他们儿女都成人了。他们再也没有吵过闹过红过脸。当他讲起当年吵过的这唯一一架时，眼圈不由自主地红了。

他想：我知道，我又一次相信了爱情。是的，只有我特别特别爱你，才会特别在意你说的每一句，哪怕你说的是醉话，哪怕你只是随口说让我滚。因为我知道，你怎么可能舍得让我滚。

今天你有多爱我

有没有觉得爱一个人并不是每天都深深地爱着，我们总会有情感波动的时候。比如今天下雨，他没来接你下班，他甚至没有发信息关心你。你便觉得他对你不够好，于是你就不想那么爱他了。

虽然这并不代表他不好，他仍然是那个风度翩翩、才华横溢的他。还是那个你当初一眼就心动心跳十分喜欢的他，可是因为他今天对你不够好，你今天决定不爱他。你说，你爱的，是那个对你好的他。

当他忙完打来电话说，亲爱的，我今天太忙，没去接你，对不起。你有没有被淋到雨？你有没有怪我？现在有没有在想我……

听到这里，你发现自己又爱他了。原来你只能坚持一小会儿不爱他。若他现在说爱你，你一定会马上回应说你也爱他。而他并不知道，这一天里，你曾有过好一会儿不爱他。

后来，你们结婚了。你们结婚的唯一理由是因为爱情，你们相信爱情才能成就婚姻，你们也相信会一生相爱，你们相信对方就是自己到海边捡到的那颗最好最适合自己的石头，你们决定从此再也不去海边看别的石头。

可是，你们也会被烟火岁月弄得灰头土脸。某天你做家务累得满头大汗，他却躺在沙发上看了一下午的球赛。你赌气不叫他帮忙，其实是想他看到你的辛苦，主动来陪你劳作。可是他让你失望了。你虽然还是在晚餐做了他爱吃的菜，心里却不愿那么爱他了。他看着餐桌上那些爱吃的菜，笑吟吟对你说，老婆谢谢你，你辛苦了。

你一听，内心的一点儿小别扭又消失了。那一刻，你又开始爱他。

再一天，你心情不好，烦躁时你冲他发了脾气，你甚至摔了杯子。他也黑了脸，没有亲吻你就出门上班了。你静下来换位想想，他今天一定不那么爱你，因为今天的你一点儿也不可爱。

第二天是周末，你们约好去郊外散心。你们走了旧时恋爱的路线，看了曾经的风景，在你们给对方亲吻的地方找回忆。这一天，你们觉得像热恋时一样美好。这一天，你们都确定彼此很爱对方。

仔细想想，你跟爱的人是否都是这样？你们并非每天都那么爱对方，或是那天的你们不够可爱，或是那天的你们对彼此不够好，或是那天的你们心情不佳，或是那天的你们忘记了爱对方。

如果只是某一天如此，倒也无大碍。但如果经常忘记爱对方，就会有些危险了。所以当你们爱着时、相处时，多想想今天有没有爱他或是更爱他，再想想今天的自己是否让他爱或是更爱。

以爱之名的霸道

她新认识的男人高大健壮，她喜欢上他，觉得他非常有安全感。

第一次约会时，他开着车来楼下接她。而他的朋友就坐在副驾驶位上，一见她来，那朋友就要下车，表示让位子给她。他却对朋友说："不用换，让她坐后面。"

那朋友跟她都有点儿尴尬，她坐到后排，有点儿落寞，便一言不发。他像没事人一样，仍然跟朋友大谈生意上的事，当她透明人一般。原来那晚的约会，他是带她跟朋友一起聚会而已。

人很多，他又是个有气场的大哥型人物，所以整晚都有应接不暇的话题要应对。有人找她喝酒，他却马上抢过去说替她喝。她默默地坐着，觉得很无聊。聚会结束，他送她回家，一路上她很沉默。

他见状说："晚上不让你坐前排是关心你，坐后排不是更安全吗？不让你喝酒当然也是照顾你了，女孩子喝酒对身体不好嘛！我这样做，可是真心喜欢你才管你的……"

她不知说什么，只好稍微笑笑，表示接受他的说法。但心里总觉得不太舒服，可又挑不出他的错。她是独立成熟的女子，知道自己在做什么能做什么。若被干涉过度，当成小孩子一般，自然会让她觉得不适。

几天后，他又带她去见朋友。她当时很累，就随意穿了平底鞋和牛仔裤出去。结果下楼后，他居然不由分说要她上去换裙子化个妆再下来。她问原因，他说："我得让朋友们认可你，好让他们在我家人面前美言你，也会让我们的事更顺利些啊。我这可是为了我们俩的将来着想……"

她耐着性子回去重新打扮一番，心里对他的印象却减了不少。于是她故意在他面前提出自己想辞职，想考研读博。果然，他很快打断她，说女人要三从四德，相夫教子，嫁个有事业的男人做贤妻良母即可。

见她不悦，他又解释自己是爱她，所以不想她奋斗得那么累，他来负责她此后的人生。听起来，蛮感人，以身相许似乎也是顺理成章的。

直到后来的某个节日里，她要回自己家，他却要她先去见他父母，她不同意，他便生气摔了杯子说："你怎么处处都不依我，我这样做是为了我父母早点儿认可你，我是真心想娶你才这样的！"

她没再说什么，干脆地跟他结束了这段感情。不是他有多不好，只是骨子里大男子主义强烈，自己却不肯承认。明明是霸道，却还要以爱之名，目的是达到控制别人的意愿。但她有自己的主张和想法，明白若继续被他以爱之名左右行为，就迟早会失去自我，变得无所适从不知所措起来。

准备好了再分手

她发现他出了轨，平日她对他太过信任，一时便乱了方寸，情绪十分不稳。

当夜来到闺蜜家里借宿疗伤，鼻涕眼泪抹了闺蜜一胸膛。闺蜜说，这样的男人不要也罢。你还貌美如花不是吗，不要耽误不要心软。

她点头，除了点头，没有别的理由不点头了。

虽然那个男人的甜言蜜语和婚前追她时的山盟海誓还扎根在心里；虽然他一再求情说是一时糊涂；虽然他一再说爱的人还是她；虽然他一再求她再给自己一次机会；虽然她一直深以为，他此生真的只会爱她一个人……

可是，他还是出了轨。他跟那个女人暗度陈仓那么久了，他隐瞒她那么久了，他背叛她那么久了。怎么可以原谅呢？所以，是要分手的，是不能再要他的。

下定决心，回家去找他摊牌。走到一半接到电话，是店铺房东打来的，责怪她说，你再不作决定，我店就租给别人了！

正是下班时间，阳光炙热，但很多人在烈日下疾走。或背或挑，或提或拿，姑娘大姐，男女老少，全都神色匆匆，一脸疲倦。他们忙碌了一天，他们在辛苦地讨生活。而那些坐在车里的人，此刻关紧车门，开着冷气，缓缓驶过马路，向他们舒适的家去了。

她想起跟他租住几年的小屋，想起自己跟他同甘共苦这些年，想起那些生活的艰辛，突然觉得，爱情真是像风一样握不住，但生活还是需要落到实处。那个人虽负了自己，但自己不能负了生活。

这些天，她一直犹豫要不要开那个店铺。他一度反对，说我们各自工作慢慢存钱，日子没有做生意那么多风险和麻烦，也不用那么辛苦，而且借本充商，是件有压力的事。因她也有同样想法，于是拖着没作决定。

而此时，她迫切觉得要有自己的事业，不能像从前那样围着他转。下班为他做饭洗衣包揽家务，休闲时间他在哪里自己就想在哪里。

她突然有了动力，她给所有认识的亲朋好友打电话借钱，给房东回话确定租下铺子，也给他打电话说，你帮我去进货。他欣喜，以为她原谅他，于是唯唯诺诺说，好好好，我请假去。

她挂完电话站在街头冷笑，她想，她要让他帮着把铺子开起来。然后她会住到店里去，她会全力以赴自己的事业。至于怎么处理这个男人，先留着看有没有可用之处。

当然，离开他是早晚的事，只是，她需要先做好准备工作。这个准备，一半是情绪心理上的，一半是物质保障上的。

不要可怜要爱怜

他喜欢她，见她每天加班到很晚，就问她，为什么总是你一个人加班？

她说，因为我的工作量最大最关键。

他叹息说，你真可怜，一个女孩子家家的，大半夜才独自回家。而我离你那么远，没法陪着你加班然后护送你回家……

她笑笑说我没关系。然后轻轻挂上电话。

周末，他发消息问她，你在干什么？

她说，在家蒸桑拿。

他诧异，随即明白她是在说笑。那是因为她家没有空调，而天气太热，电风扇吹出来的风像吹风机一样的热气腾腾。

他说，你好可怜，怎么不装个空调呢。你在那里流汗，我待在空调房里心里很不安啊。

她急忙说，我没事，流点儿汗正好减肥了。

他想，她真是乐观，什么事在她看来都不是问题。她身上，充满了正能量。

后来，他见到了她。发现她的现状其实更糟，她住的出租屋很小很寒碜，家里也没有冰箱。她得每天顶着烈日去买菜买食物回来做饭。在她家乡，还有等着她供养上学的弟弟和体弱多病的父母。她还得一点点还那些自己上大学时欠下的债。所以，她除了努力工作，还利用闲暇时间做兼职。

他眼神温柔地看着她说，你的那些坚强，都是装出来的吧。

她沉默半晌说，我不喜欢你说我可怜，所以不想被你发现我脆弱和艰难的一面。以后，你可不可以把可怜变成爱怜？

他愣了一下，突地明白自己是用词不当。他搂过她，紧紧抱在怀里说，以后，我们一起承担分担各种负面情绪和事情好不好。

她落下泪来，其实她早就想在他面前卸下那些伪坚强，但是因为他一直说那句“你好可怜”，她便在他面前装出一个强大无敌的自己。她不想让他看到脆弱无助的一面，是因为不想被他可怜。在她看来，可怜是一种施舍的同情心，并且会打击人的自信，让人觉得更无助和孤苦。

可是，当她爱上他，就不由自主想在他面前展示真实的自己。因为，真实、脆弱的一面有时只想让亲近的人看到。在不相干的人那里，会刻意表现得淡定和强大。

但是爱怜，是就算我真的很强大过得很好，你也总会觉得我像个孩子一样需要照顾、需要安慰、需要关心和呵护；是就算我被一粒花生米硌到，你也会心疼好半天。

如果可以不想你

在她经历过的爱情和从书中读到的爱情文字中，相思和想念都是唯美动人的词。当然，也有人说那是一种甜蜜的忧伤，是一种心甘情愿的折磨。

初恋时，她尝尽那种朝思暮想的感觉。有时美好，有时失落。长大后，男友跟自己在两地工作，见面时间很难得，于是又是漫长的、无止境的相思。但是想着总会有一天会迎来相见的美好，想着曾相处时的幸福，想着终有一天要跟这个人长相厮守，也情愿接受这份想念的折磨。

可距离有时真的不只产生美，也产生第三者和更大的距离。后来，男友就提出了分手。分手的理由就是相思太苦，想念太难受……

这时她才确定，想念的确不一定都美好。它可能也像病毒一样，在时光里变成毒，让人害怕，让人厌倦，让人变得想要割舍、想要扔掉、想要抛弃和逃避。

这一份长长久久的恋爱，一份她原本以为会终老一生的恋爱，就这样以对方承受不了相思苦而告终。接到分手审判那一刻，她想起这些年自己为这个男人忍受的寂寞和孤独，想起那些分分秒秒天天月月的思念，真的是很辛苦啊，可是为什么那么辛苦也能坚持呢。那是因为爱吧，如今那个人不愿再坚持，想必就是不爱了。

面对那负心人的绝情，她突然像松了口气一样想：这下自己也不用习惯性地想他念他了。也许在没有新的恋爱对象时，可以想想某个明星偶像，可以想想某个自己心里投影的梦中白马。

再后来恋爱，她也一样用情至深，轰轰烈烈，却不愿像从前那样整天都想着那个人了。她用工作转移相思，用下班后的各种休闲活动转移想念。有朋友见热恋中的她如此淡然淡定，便质疑她是不是不够爱那个人？

她想来，似乎也不是不爱，只是怕了相思的苦。后来，她看到张小娴那篇《我没有思念》，里面张小娴写到有人问她是否有思念他时，她答："没有。因为思念你又怎么样？你也不会马上回来。"男人当即就觉得答话的她残暴无情。

她看到这个时，十分有同感。原来我思念你时，是希望你能马上出现在我身边。若是不能，那么我再有多思念也是枉然，只是折磨自己而已。有时，思念也的确是一种负担。也可能，她是真的怕了思念。

在分开的时间里，如果可以不想你，也许是一件幸福的事。就像有个叫罗西的作家说的一样："有一种修行是不想你。"只是这个修行，对于真爱着的人来说，是件多么不容易的事。

只因新欢不够欢

她新换工作，进公司不久就发现有个男同事是她喜欢的类型。无论外形还是性格，都符合她梦中情人的要求。

他每天下班走得最晚，上班来得最早，像是一心扑在工作上，也不见他接什么暧昧的电话。同事聚会，他总是很沉默。她问起他是否有女友，他说，没有。

于是她发动攻势追求他，他没有马上表态接受，也没有直接拒绝。只是说我们还不了解，慢慢来。

她想他说得有道理，多一点儿了解自然是好的。私底下，她向其他同事打听了他的恋爱史。原来他跟前女友分手不久，且前女友也是同事，只是辞职去了别家更大的公司。

她听完有些惆怅，但她是极自信的女子。觉得在没遇到自己之前，他爱过谁怎么爱都与自己无关。他们既然已经分手，那么开始另一段恋情也是必然的。

但是因为他不远不近的态度，她也只好以蓄势待发的姿态停下来，不敢跑得太快吓走他，但先陪着他走走也是好的。

三个月后，或许是她的耐心和温婉体谅打动了他，或许是失却的恋情终于可以放下，总之他接受了她，两人正式确定了恋人关系。

恋爱的过程在初时看来也是温情款款美好动人的。他不负她所望，是个会照顾人、体贴人、细致的男人。在她看来，她们相处得虽然有时显得平淡但仍然甜蜜和谐。于是她开始憧憬未来，一生一世是爱情最终的走向和居留。

但他却又表现得犹豫，至于原因自然随便就可以找到借口。直到她发现他跟前女友一直保持着联系。她无意间看到他的 QQ，跟前女友的聊天记录隔三岔五就有。虽然聊的话题不那么露骨，但仍有小小暧昧。也看得出来，他对前女友的态度很耐心也很温和。

她心里泛起阵阵酸楚，忍不住追问他为何还要与前女友藕断丝连？他一时也说不出所以然来，她想，哪怕他找个借口也好啊。可是他居然语塞，想必，他本来就是心虚的。

跟闺蜜诉苦流泪，说想不通他跟自己明明相处得很好为何还要跟前女友联络？

闺蜜是大咧咧类型的，想也不想就说，这还用猜吗，不就是因为你这个新欢不是范冰冰或是倾国倾城、无懈可击，所以他才有心思继续理会前女友啊！

这话虽直接武断，但细想也的确不无道理。很多人还跟前任关系不肯彻底断掉，不光是因为念念不忘，更重要的原因是新欢不够欢。如果新欢够欢，他自动会屏蔽排斥与其他异性的接触和往来。他会特别在意新欢的感受，就算他还有别的小九九，也不会大意到让新欢看到他的聊天记录或把柄。因为只有新欢够欢，他才会怕失去。因为怕失去新欢，就不会去理会旧爱或其他异性。

你在身边才回忆

常有人说，有些回忆很美好。因为曾经有过与你的交集，所以在回忆时，我觉得很幸福。事实上，真是如此吗？

若回忆里那个人，你们爱过却分了手，他现在不在你身边，你忆起曾经有过的美好画面，心里会觉得很甜蜜。但那甜蜜会不会很快变成一种惆怅？因为，你们再也回不到过去。并且，你跟他现在已成陌路。他身边有了另一个人，你身边也许很快也会有另一个人出现。

那么，你回忆起你们的甜蜜，只是徒增伤感。若不小心，回忆还会碰到你们感情发生变化和决裂时的场景。那伤口还在，疤痕仍新。

于是，因为你回忆起他，你又经受了一阵情绪上的折磨。

于是，你轻轻叹息一声，将他从心里放下，默默想，这个人，还是不回忆为好。

那么，回忆一下如今正在追求你的那个人吧。几天前，他给你送了花到办公室，你得到了大家的艳羡。下班后，你们一起去巴山路吃饭，他为你挑去鱼刺，轻轻夹菜到你碗里。细心地用纸巾擦去你嘴角沾上的米粒，他的目光温柔似水，他的笑容直浸心脾。

你觉得，你爱他。爱到不用再回忆起曾经那个人了，你突然发了疯地想这个追了你很久想娶你，你却一直在犹豫的人。你想见他！

可是，他上一周就出差了，还得要好些天才能回来。你又百般怅然地放下有他的回忆，叹息一声走进书房，想着做点儿什么转移一下思绪。否则，这想见不能见的思念会因为回忆把你弄得要发疯一般。

看吧，原来回忆也是很调皮的。就算是美的丑的、好的坏的，你一个人去回忆，都会变得辛苦和煎熬。所以，当那个人不在你身边时，你慢慢学会减少回忆。

因为你知道，他若不在身边，回忆你们的美好，你会更想他；他若不在身边，回忆你们的不美好，你会更难过、更寂寞。所以，你学会了当他在身边，你才敢回忆。

你也终于深有体会地说，回忆原来像座桥，一个人在走过桥的途中，可能会遇到阳光，也可能会遇到风雨。但最终通往的，却是寂寞的牢。所以，你想要跟那个人一起走上回忆的桥。因为有了他相伴，不再寂寞，桥的那一头，是满满的幸福。

我担心你被抢走

有没有在街头偷听过人家讲情话？是不是觉得很动听，或是很肉麻？若是再偷看人家卿卿我我的画面，是不是觉得很美好很羡慕？

是吧，要是晚上路过街角，听到昏暗灯光里有情侣吵架，你会想听吗？也驻足一听吧。

你听，那女的说，她就是一直盯着你看嘛！还跟你那么熟的样子，找你喝了五六杯酒。她肯定是对你有意思，她简直不把我放在眼里，当我是透明人。

男的反击说，可那谁呢，不是还把手搭你肩上唱歌！不是也老叫你帮他点歌和递东西吗？我看他才是对你有意思呢！

偷听的你，觉得好玩吗？不好玩，一点儿意思也没有，小情侣吃干醋的烂俗情景剧罢了。你摇摇头，抬脚走过街道，想要赶紧回家去。可是你走近了才看清，那对情侣长得真是难看啊。女的又胖又矮，男的又猥琐又黝黑。身材不好，长相不好，穿戴打扮也不好。

结果呢，这对小情侣却如此在意对方跟其他异性有任何交集。哪怕是共同在场的一举一动，也这么在意。真是小肚鸡肠，真是没有风度，真是啼笑皆非，真是自不量力，真是抬举对方啊！

对，你想到抬举对方这个词时，突然有一丝触动，甚至是感动。原来你是不应该嘲笑他们的，他们若是不爱对方，怎么会这么在意这么留心对方的一举一动呢。明明是两个长得不怎么让人待见的人恋爱，却时时互相吃醋互相担心对方被别的异性抢走。

因为在他们眼里，对方就是最优秀的最好的。他们眼里，彼此就是西施和潘安啊。你恍然大悟，原来这才是真正的爱情啊。

那些业余的等待

某女说她跟男友交往半年了，可男友从来不带她见他的朋友、同事及家人父母。

她追问起来，男友又哄她。说爱情是两个人的事，别人都是次要的，有适当机会就见，没适当机会就晚点儿见。怕见了更多人她被抢走。

这话听起来倒也妥帖，一次两次她也就由着他混过去。时间再久些，发现他是刻意回避带她见他生活圈子里的人。

某女自然生气了伤心了，说我是奔着结婚一生相守才跟他恋爱的，若他只是玩玩，现在就散伙。

男人又不肯罢休，再次好言相劝一番。让她再等他两年，他现在工作不稳定，收入也不理想，车子房子也还没买。总之，希望她再给他点儿时间……

某女无可奈何，找来闺蜜诉苦犯愁。她担心要是同他分手了，万一他说的是真的，那她岂不就错过他了。可是，不分手她心里又觉得憋屈和不妥。

闺蜜快言快语，劝她该相亲就去相亲，该认识新的男人就去认识新的男人，不用刻意等他。很明显，他是还有其他目的。

这话虽然让某女难受了一点儿，但仔细想来，那人的心，大概的确没完全放在自己身上。那么有啥好纠结的，那就都先挂靠着得了。

另有某男，喜欢一女孩。女孩也不拒绝，也不表态，态度不冷不热的。有时某男追得太急，女孩就说不相信爱情，给她点儿时间。

某男就这么在女孩的阴晴不定里偶尔享受点儿欢乐，长时间享受着折磨。某天找朋友分析，说她也没说直接拒绝我，这心思真是难猜。

朋友说，有什么难猜的，有两种可能，第一种无非是她看上的男人还没接受她，也还没有明确拒绝她；第二种是她喜欢的男人还没彻底抛弃她，但已经对她表现冷淡了，所以呢，她就只能先应付着，当你是备胎以防急时所需而已。

这年头的爱情，都是你防我，我防你。谁也不想先被伤害、被背叛、被抛弃或被蒙在鼓里变绿，所以谁都想有两手准备或几手准备。

而等待，也早就变得不再单纯。你既然对我不够全心全意，那么我也无须当场拆穿你。我若等得到你，若你还有价值，那就皆大欢喜。若正好相反，也无所谓，也许我在那个等待结果到来之前，就有了更好的选择。

爱情台词

他不是多么英俊出众的男子，但她一眼便看出了他的与众不同。或许爱上一个人，有时只需一瞬间。

从此心里便记得这个人的种种。他的笑；他在公司里的一举一动；他下班后走过的路；他住的地方以及他的感情状态……

若有心思细腻之人，一定看得出她在公司里对他最好。她发现他并不排斥自己对他的示好和热情。她带给大家的早点，唯独他的那份与众不同。他工作上遇到难题，她总是假装举手之劳却私下竭尽全力帮他完成。大家聚会时，只要他说话，她都会第一个接下话头或是表示认同。

为了掩盖自己对他的不同，她甚至对大家也都热情了许多。但她不知道那个在频频回应自己的他是否也像自己喜欢他一样喜欢自己。他也总是关注她的动向，关心她的起居冷暖。她给他打电话发信息，他会悉数并及时回复，并跟她相谈甚欢持续下去。

或许，他也是喜欢自己的吧。她这样想。因此对他的那份情感，变得越来越强烈。强烈到她忘记了自己在另一个城市，还有一个已有婚约的未婚夫。那个未婚夫，是大家都知晓的存在。可是她总觉得如今这个人，才是她真正心所向和心所爱的人。

她相信他的出现，才是真的惊醒了她的所有感觉。

她终究受不了日夜煎熬向他表白了。回答却是婉转的拒绝。他说，我不是不爱你，只是你已有未婚夫。我跟他比起来相差很多，我配不上你……

她放下自尊卑微地想要他跟自己一样有勇气重新来过。但无论怎样，他也不肯收下她那颗滚烫的心。她原本也是敏感且自尊心极强的女子，一直以为对方跟自己一样有情有义才想要轰轰烈烈一场。哪知那样的美好和情投意合一般只出现在电影片段里。她只好相信他其实也是爱自己的，只是他无可奈何。因为这样想，她会好受一些。

但是无法再面对他的脸，看一眼，都还是心动和心疼，所以辞职离开。

不久后在街头遇到旧同事。那女同事看上去也憔悴忧伤，问起，居然也是喜欢上那人，表白时一样被拒绝。

听完女同事的倾诉，她发现他对她们说的那些拒绝的话语如出一辙。原来他的那些说辞，只是借口。抑或是他在悼念旧情时，也会那样说："我爱你，但是因为某某原因不能和你在一起……"

你或许明白那话的真假，却宁愿相信他爱你，只是不能和你在一起。那些像是提前设计好的台词，对他辜负又不能接受的人，全都用一句"我爱你，却不能和你在一起"来摆平。

那是一场你不想揭开真相的爱情戏剧，台词是他提前拟订好的。当暧昧过后需要作决定时，他便会深情款款、泪洒衣襟让你这个观众又悲伤又无奈地放弃和放下他。不再追究，不再纠缠，不再给他的一场暧昧惹麻烦。

信任，是因为害怕失去

她嫁给他时，是带着对前男友的怨愤的。

那个她很爱很爱的前男友，每天沉迷网游，总是忽略她的存在。有时候为了减少她对他的干扰，他甚至把她推给身边各种各样的朋友。他不管那些男人的人品，不管他们是否丑陋不堪，只要他们能带她走、能代替他去陪她就行了。

最后一次见他，她怀着少女羞涩的心、鼓足了全部勇气想把自己交给他。可当他看到她青涩娇嫩的身体后，却只冷冷地说，不要这样，你会后悔的……

然后，他丢下她走了。

她带着打击和屈辱嫁了一个又矮又胖的丑男人，换了手机号码，注销了从前的 QQ，把前男友隔绝出了自己的世界，打算就此不相往来。

老公视美丽的她为天仙，一家老小都待她如宝贝。他们从不让她做家务，不用她带孩子。她妖娆地在职场与婆家之间来去，老公从不过问她的行踪、不过问她的所有秘密。除了关心和爱，他表现出对她极度的信任，哪怕她在外面跟一些男人有了暧昧的交往。

他是知道的，但她不说，他就不问。她晚归，她打扮精致在休息日出去时，他都只是叮嘱她路上小心、早点儿回来。有时候她想自己的选择是对的，老公虽不是很富有，但起码生活有保障。她不用操心生计，不用面对烦琐的家务，不用手忙脚乱照顾孩子，而且仍然有自己独立的空间。

多年后，她心血来潮找回了从前的 QQ 号码，然后联系了曾辜负她的前男友。

前男友早不是当初那个为了网游而推开她的大男生了，她在他面前声泪俱下地控诉当初他给的伤害，然后发现他当年并不是不爱她，而只是贪玩。那次扔下她的处子之身，也是因为他希望她把初夜留到新婚之夜。

明白真相后，她心里的那些藏着的冰哗啦啦地就碎了。第一次见面分开时，已是凌晨三点。两个人沿着旧时的路走了一遍又一遍，心里带着巨大的遗憾和伤感。当他终于说再见时，她哭了，问他是否又要抛下她不管？男人的心柔软又酸楚，终究带着愧疚对她承诺：只要她想见他、想找他，他随时都会出现，不会再不理她……

她的生活从那天起，变得多彩起来。她频频晚归，有时凌晨两点，有时会到三点。他们有忆不完的旧时光要诉说，也想抓住时间弥补那份还没好好开始过的恋情，像所有情侣一样好好谈一场恋爱。她忽略了每日每夜在家等她的老公，当前男友问起她老公是否会怀疑时？她说，他百分百信任我，从不过问我的行踪，所以没关系，他不会知道的……

前男友沉默了好久说，他不是不知道，只是装作不知道。他怕说出真相后，你会顺势跟他提出分手。他的信任不是你有多可信，而是因为他太爱你、不想失去你。

她听完也沉默了，那一刻，她突然很心疼那个一直在家等他的老公。他的爱那么隐忍那么绵长，她却一直在挥霍和践踏，她从不考虑他的感受，我行我素地当他的存在是一个摆设。

那一晚，她回去得很早。那一夜，她为老公做了夜宵。她也终于明白：错过的爱虽然遗憾，但错过如此深爱自己的男人，将会更遗憾。

秋千与跷跷板

高中时，他是长相普通学习普通家境普通的男生。丢到一群人中就找不到的感觉，偏偏也喜欢班里最好看成绩最好的她。

但他深知身边诸多追求者的她不会看上自己，所以喜欢只能是他一个人的事。也正因为有了自知之明和没有占有得到之心，暗恋便做得不动声色无人知晓。

只是默默地关注她，上课看她的背影走神，她漆黑的马尾辫像柔软的绸缎一样轻轻拂过他的心。下课了站在走廊上假装看远处的风景，其实她才是他的风景。看她走出楼梯，走向操场；看她跟同学打羽毛球，看她跳动的身影。听她隐约传来的笑声。午后放学，骑着自行车远远跟在她后面，穿过人流寻找她的身影。看风吹起她的白色衣角蓝色裙袂，仿佛风里也吹来了她的芬芳清香。

夜里有时想她想到睡不着，便悄悄走到她家楼下，站在树影里看她窗口亮着的灯。她一定在咬着笔头学习？有没有喝一些茶水提神？有没有坐直身体？有没有隔时停下来休息？有没有因为某道题太难而皱眉？

如此种种幼稚又隐秘的喜欢和惦记，他足足持续到高考结束，大家各奔东西。从未让她知道，从未让别人知道。过后有时翻开为她写下的日记，也会有浅浅笑意。

大学里，换了环境的他慢慢变得不普通起来。那些在喜欢她的日子里写下的日记情书，成为了一种积累，居然让他在大学里笔下生花。他开始书写青春爱情，时不时就有小说文章发表，铅字印在校刊或各地期刊杂志上。

于是引来了有共同爱好的学姐学妹的关注，很快，他发觉其中有个女孩跟自己观念相仿，言谈和谐愉快。顺理成章的开始约会，聊些文字，话些家常。也谈起了彼此的从前，他第一次说起了自己高中时的那场暗恋。他有些自嘲，问她要是找男友会不会介意他曾经深深暗恋过某个人？她说，那样的暗恋只是喜欢，不是爱情，所以无须介怀。

他看着她天真温和的笑脸，顿时觉得似春天的风吹来，吹进两人的心房。眼角眉梢里，都有藏不住的笑意。

每天都想见面，无所谓谁先联系，无所谓谁进谁退，无所谓谁先表白，一切水到渠成。一个眼神，便荡起彼此内心无数涟漪。就那样牵了手，说了爱。

幸福时光里，他偶尔也会想起曾经喜欢过的那个她。但他明白，那种感觉只是喜欢，仿佛坐在幽静公园的秋千上，自得其乐不需任何人回应的摇晃玩耍。而真正的爱情，得像玩跷跷板一样，需要一个人坐在对面与你互动。就像如今他跟女友一般，有来自贴近内心的美好妥帖感受。

两处登录的爱情

他跟她爱得轰轰烈烈，如胶似漆在某地厮混，誓要白首不相离。

几个月后，他说家里高中同学聚会，他得回去一趟。她有些黯然，因为他说过，高中同学里有他的初恋，并且刻骨铭心很多年，一直不曾忘怀，直到遇到她。

她曾试探问他说，你若再次遇到初恋，会不会觉得有机会重新来过而把持不住？他犹豫了半天才说，不会，因为有你了。

现在她只能祈祷他们不要有机会遇到。可这是同学聚会，天时地利人和，他们没可能不相遇。

所以，她不想让他参加。

可他还是再三承诺不会跟初恋旧情复燃，如今一心只爱她。本着恋人就要相互信任的原则，她只好由着他回去了。

他日日报告行踪，表示旧情早已不如当年，他完全没有非分之想。慢慢地她便也安心了，相信了他的承诺。

只是那夜实在辗转反侧，难以入眠，起来摸到放在枕边的手机，打开 QQ 时，发现他曾用她手机登录过 QQ，后来没有清除密码，只是切换了账号。于是，她切换到他的 QQ 账号隐身登录。

此时，他正在酒店电脑上跟他那初恋聊 QQ。当她看到他与那初恋的聊天记录时，顿觉触目惊心，因为他说的，都是对初恋念念不忘的话。句句真切深切，想必，他此时对初恋说的，才是真的。他说的，几近纠缠，要初恋给他个重新爱她的机会……

她在这边看得胸口阵阵发凉，退出手机 QQ，不再与他联系。

几天后，他回来，面目憔悴。解释说跟同学玩得太累太疯。但她已明了真相，他回自己身边来，不过是初恋不愿与他复合罢了。她不过是他的第二选择，否则，现在的他想必已经向她提出分手。

若她没看那聊天记录，现在她会继续在他的面具里跟他缠绵相爱。可是，她已看到真相。所以，她提出分手。

一段情，由一个同时登录的 QQ 聊天记录而终止。

此时的他，真心憎恨腾讯和智能手机的这种电脑手机同时登录并且聊天记录同步的功能。但是归根结底，只能说我们的爱情，越来越经不起考验和折腾。

所以对于那两地同时登录的强大功能，你若爱得不纯粹，一定要谨慎使用。否则你正在电脑上跟人暧昧撒欢时，你的另一半也许就拿着手机在欣赏你的表演。不久前，那种表演还只能是看到你的回复，看不见对方的说话内容。如今你在手机里跟人聊天，电脑上你的 QQ 就会显示你们双方的全部对话对容了。

如此一来，觉得腾讯实在坏呢。这个两处登录方便不了 QQ 当事人，倒是方便了捉奸这件事。听说就这功能产生后，不少情侣因为看另一半的聊天场景闹得不可开交或分手。

说起来，这些情侣还应该是感情不错的那类，否则也不会彼此知道对方的 QQ 密码。可是，这些男人女人们，忽略了 QQ 在自己手上，却已经不安全的事实了。

那么到底是联络工具的商家做了弄巧成拙的事呢？还是做了方便人看清真相的好事呢？这个，大概就取决于你对一份情的态度和观念了。你若不想放弃，就算知道对方骗你，你也会假装不知。而对于清醒的人来说，永远只要真相。哪怕残忍，也不要活在虚假的爱情里。当然，你若爱这个人爱到他出轨你也不在意，那就没话好说了。

不再听你说爱情

他对她说，我觉得自己好喜欢你。

她说，我们从未谋面，谈话次数不超过 10 次，喜欢从何谈起？

他说，这年头不谋面也一样，不是都有照片在网上吗？

她说，我们相识不久，并不了解，谈何喜欢？

他说，对的人相遇，说过几次话便知是不是能触及心扉。跟你谈的不多，但你的魅力已经很明显了。你待人亲切和气，却又自然有不可接近的高贵气质。

她说，还是要谢谢你，你的口才不错……

此后，隔三岔五，他来主动招呼她聊天。她闲着，就跟他闲聊一阵。觉得他倒也不是腹中空无一物只为猎艳的那类男性皮囊。加上他开始向她吐露心事往事，伤感经历，未来梦想。

她便自然开导他的从前，鼓励他的未来。有时赞同，有时反驳；有时共鸣，有时辩论。聊天像一轮一轮的男女关系测试，有条不紊地进行了几个月。最终，单身的两个人觉得情意相投。他开始说，我爱上你了。

她先是沉默，后来情绪上来，接受了他说的爱，也承认了自己的动心。于是，一场恋爱在世间某个角落开始上演。

他每日嘘寒问暖，聊天内容也不再只是人生观念和看法，而是牵涉到两人的未来。他说，你能给我多久时间，我要娶你。我要买多大的房子，我要买多好的车子，我要做多远的事业……

他一一罗列，他计划周密详细。她怎么听，那也不像是随口说说。他的确是有底细的人，百度也可以搜索到他的名字、他的家乡、他的住址、他的事业。

她终于说，我信你，我等你。

但是，不久后。他消失了，像从未出现过的人一样。

几月后，她见到他上线。问他，你若只是闹着玩，也应该打个招呼，道个别吧？至少这样才有风度礼貌不是吗？

他说，不是，我真的发生了些事，不便告诉你。我们还是会在一起的，不是幻觉，不是假象……

她看着他给的回答，她在屏幕前笑了笑。没有再多说什么，但她知道。从此以后，她不会再想要听这个人说爱情。因为，他似乎只是会“说”爱情。那样的爱情，即便她是真的动了心、用了情、受了骗，也不会继续留恋。

伤心不哭，温暖落泪

他的工作动荡，常常丢下她独自出发。初时约好每月回来见一面，后来因工作更忙更没有预见性，见面的时间便拉长到两三个月才一次。

她是委屈的，所以每次分开时，都会掉眼泪。舍不得他走，可又明白他是在为彼此的未来努力打拼。

终于在攒够首付买下婚房后，他们有了一纸证书，有了同一本户口簿。可是还没度完蜜月，他就又要出发。她想留下他，可是想想这个卸不掉的房贷，就没有说出口，怕那样显得自己不懂事。毕竟他奔波的工作，比在当地安于现状收入要多得多。所以，还是流着泪一次一次送走他……

留下来的她，独自守着寂寞长夜；自己换掉坏的灯泡；疏通堵了的下水道；提沉重的生活必需品爬楼梯；下雨了没人送伞，独自淋着雨跑回家；生病了自己打车去医院。开始会在电话里向他诉说，他在那边安慰她，要她再坚持一下。

后来，房贷还完了。她以为他会回自己身边来，可是，他还想要买车。他还要留在远方、留在路上。

她再次委屈地给他打电话时，他经常会没接，有时关机打不通，有时很久才回复。而她的难过情绪已经过去，自己早就哭过了，所以他再打来电话询问时，她变得沉默。只是淡淡地说没事，然后轻轻挂掉电话。他也不再打过来追问，只是发个消息说，照顾好自己。

这样的情况多了，她便有了疑心。他一直不回来是不是因为外面的生活很精彩？或是外面的世界里有他更留恋的人？虽然这样想，却撑着不去问。

只是心里，常常涌上一阵一阵的凉意。当他再次回来又再次离开时，她不再有泪水。她淡淡地送他出门，知道自己已经开始习惯生活里没有他。

终于还是印证了那个事实，他果然是在外面留恋另一个女人。他也的确努力在赚钱，但只是想用物质弥补她，给她安稳的生活。但是，她要的是他的爱。

面对这样残酷的真相，所有人都以为她会扛不住。但她没有哭。

他担心地说，你没事吧，你哭出来吧，憋坏了身体可不好。是我一时糊涂，你打我骂我都行好不好？

她冷冷地收拾衣物离开，她说，我不要你赚的房子车子，谢谢你这样的恩赐。

他就那样看着她一滴泪也没有地离开，心里升起许多莫名的失落，寻思当初那个柔弱爱哭鼻子的她去了哪里？

而她只是哀莫大于心死。她只是一次次因他的离开伤心失望到最后的绝望；一次次的难过最终磨成了茧，因为觉得冷，所以变得坚硬而没有泪水。

他花了很长时间反省自己，觉得的确是被外面的世界一时迷花了眼。最终他在乎的，还是跟她那段长长短短的往事。于是，他断然辞去了那份动荡但收入可观的工作，回到他们的家里。只是，他必须想尽办法获得她的原谅。

他一次次去找她，都被她拒绝。她神情总是冷得像冰。无论他如何回忆他们的往事，如何声泪俱下，她都不为所动，不掉一滴泪。

但他终究还是坚持了下去，直到有一天，她在他面前掉下泪来。那一刻，他知道，她原谅了自己。

是的，她原谅了他的不完整和他人性里的残缺。何况，他仍是她心底的烙印。所有的坚硬冷漠，只是为了让自己变得无所谓。但这个人铁了心要化掉她心里的冰，她便也接受了那份迟来的温暖。

我们常常就是这样，伤心到极致时，泪水已无法表达。唯有遇到温暖时，它才会溃不成军、泛滥成灾地流下来。

守口如瓶的爱情

男人很长一段时间都很神秘，朋友很少见到他，同事则是看他一下班就没了人影。

叫他出来聚时，他要么手机打不通，QQ 不见上线，微信也没人回复。偶尔难得联系到他，他也会以各种理由推托掉。有时甚至撒谎说自己跟某个朋友在某个地方，可那个朋友明明就在打电话这个人身边。

大家觉得他奇怪，平时的他是喜欢跟大家一起吃喝玩乐嘻嘻哈哈的人，并不是自我封闭那类人。当然，他也是没有女朋友的啊。但是，大家也不好过分追问。

有特别要好的哥们儿问他，你是不是在恋爱。他只说是，再问别的就不多说了。对方是谁？哪里人？做什么？什么时候认识的？谈了多久了？人怎么样？有没有可能一生一世？

无论问什么，他都胡乱应付过去，像是加入了某个行业的卧底一般。

渐渐大家也就习惯了他的消失，很长一段时间后，他才回到人群中来。虽然重新参与到大家的聚会玩乐中，但情绪明显跟从前不一样了，会望着某个地方发呆，会将一首情歌唱到流泪，会一声不响闷头喝醉。他变得沉默，眼神中似乎也多了些内容，是忧伤还是惆怅，自然只有他自己最清楚。但无论谁问起，他都淡然一笑说没事。

其实那段时间，他是遇上了初恋情人。但是她早在父母安排下嫁人了，嫁的人不是她爱的人，也不是疼她的人。有目的地嫁，有目的地娶。她忍气吞声地活，为了孩子承受那个男人对她的不在乎。

所有委屈在遇到他时，悉数倾诉给他。他愿意分担和倾听她的悲伤，每天早早回家陪她在网上聊天，说些旧事逗她开心，讲些典故让她宽慰，甚至在她遭到打骂时奔去为她主持公道。

他把自己所有除正常工作外的时间，都给了她。长长的一段时间，他都沉浸在她的世界里。直到她举家搬去遥远的他乡，直到她说老公出了事，醒悟后向她忏悔从此要好好待她。她对他说谢谢，然后与他道别……

他又重新回到没有她的世界里，只是无法再像从前那么无忧无虑了。而关于那一段情，他从不向人提起。因为他珍惜与她的过去，想保护她不受一点儿非议。原来只字不提的爱情，真的是因为太重太在乎，所以舍不得让任何人知道。有时候真爱是个秘密，而那些晒得满世界的爱情，也许只是个笑话。

如果马克思不再写情书

他的工作，是从一台电脑的网络线开始。在这个过程中，他遇到无数的陌生人。这些陌生人有的成了他的客户，有的慢慢成为陌路。

后来，他遇到了她。

他被她吸引，总是主动找她说话。她礼貌回应，不热情也不冷淡。他说，你很随和，很自然却又跟人有距离让人无法靠近。他说，聊的不多，你的魅力却显而易见。他说，我想了解你。他说，早安，晚安……

他知道，对她的挂念明显超出了从前跟陌生客户联络交流的范畴。她不是他的客户，她只是他想要的一个朋友抑或知己。他想跟她说说话，在寂寞孤单时，在需要人倾听他时。

但几个月过去，都只是他偶尔按捺不住主动跟她打招呼。她应该没有那么忙，她也并没有男友需要让她撇清跟别人的暧昧。唯一的解释，就是她对他没有兴趣。

他其实很优秀，年轻有为。自己经营公司，事业虽还没有大红大紫，但正在他的努力奋进里蒸蒸日上。相对同龄人，他有更大的抱负和志向。当然，他还是英俊的。

只是对于他的身份，他的往事，他的所有，她都不为所动。直到后来，他用耐心和坚持已久的问候终于引得她的注意。

她开始理他，听他讲他的往事和现在，听他规划将来。她开始依恋这个从前就对感情执着的他，恋上这个努力、勤奋、才华横溢的他，恋上这个怀有远大抱负的他。

于是，两颗孤独的灵魂开始靠近，彼此诉说了喜欢和爱。

他夜夜陪她聊到凌晨还不肯睡，躺下了还用手机再聊到自然睡着。他像一团火，把原本是冰的她烧得沸腾起来。她问他，你那么忙，事业那么要紧，哪有心思花这么多时间去恋爱？

他说，马克思还要写情书呢！

她笑了，爱情很美好，如沐春风细雨。有彼此心灵相伴，也不再孤单。他关心她的生活大小事宜，甚至想好要跟她结婚的时间，如何带她回家见父母。

她不得不相信，他是认真的。

可是后来，他与她联系慢慢变少。他开始说忙，对于她的质疑，他说此前积压太多事，并且如今有了新的方向和项目要发展。他甚至说自己做的事有些危险，不敢对她说太多，怕她担心。

他说得极诚恳。她在信他，也不信他，偶尔也问他，若是不想继续一定告诉我，那是我们有过的约定。她也问，我们只是幻觉对不对，我们不会在一起。

对于她的所有质疑，他都一一击破。他说我们会在一起，一切会好起来，不是幻觉……

她无法也不能再怀疑正处在事业关键时刻的他，但心里的疑惑仍在。她只好不再过问他的事情和行踪，只是偶尔会想，如果马克思不再写情书，那么唯一的原因不是他忙，而是他不想爱燕妮了！

虽然，这个不想爱也许是不能爱。

我等你，永远为期

她经历过几场似有爱似无爱的感情，似乎总是开头很美好，结局却以各种惨淡收场。每次结束，她都会将签名改成：我等你，永远为期。

大家为她的痴心叹息，开始有人担心她心肠太软被人欺骗。傻傻的原地等人的活儿，不是费力不讨好吗？也有人担心她伤痕累累，不再相信爱情。担心她心灰意冷，随便择人而嫁淡然终老。也有人担心，她会往返欢场，随波逐流、破罐破摔。

但以上种种并未发生，她仍然在不久后又开始新的恋情。当然，签名也随之删去。于是有人又觉得，她属花心滥情女子。不过说说而已，哪来的永远等待。只是这样也好，干吗把自己搞得那么悲惨那么累。

于是，大家怀着祝福或是旁观的心态看她恋爱。这次的恋情持续一年之久，男人慢慢觉得工作不合心意，觉得远方才有梦想，于是提出种种现实问题要离开。面对她，无非是摆出事业为重，门户需要考虑，将来需要打算，性格需要进一步看清，年龄属相甚至星座都要适合，等等的借口理由。

她流着泪放他走，朋友们清楚这次她用情至深，却不知她要如何面对这场爱恋。结果一个月后，见她签名又改成：我等你，永远为期。

有人说她傻，也有人劝告这样不值，不要等已经离开的丢下你的人。她付之一笑，表示谢谢关怀，却并不作任何解释。这一次，她单身了很久。不再轻易接受谁的爱慕和追求，虽然也接受邀请，也接受以交朋友开始，但再不轻易牵手不再轻易入怀。

而她的签名，一直没有变过。朋友们再次围攻她，是不是变傻了？还在等那个人？等那样的人是浪费青春，不如像从前一样，再次重新开始恋爱不是很好吗？

她解释说，我等的那个“你”，不是某个过去的人，是某个未来还没来的人。从前等的，也是如此。等的不是过去，而是未来。我一直相信有那么一个对的人，会主动来到我身边。这样的等待，永远为期……

朋友们大为惊讶，原来她如此高深莫测，如此睿智乐观，如此勇敢坚强，如此足够有耐心。这样的她，不会再随便把自己交付出去，同时也不会怀疑爱情的存在。

她会坚持，会在觉得孤单辛苦的时候，寄希望于未来。因为相信那个值得拥有她的人终会来到，那个对的人，会穿过胭脂俗粉，走过红花绿叶，来到一身素裹、妆容淡雅的她的面前。告诉她，我就是你等的那个永远。

爱情里的胡闹

他们是在青涩年代相遇的，那时的光阴美好得像春日梨花。一个眼神，一个微笑，便是爱的全部。他劈腿的消息是在高三下学期传出来的。少女的心，正如初开的柔嫩花蕾，听到那个突如其来的消息时，像经历一场暴风雨的凌迟，很快便碎成了千瓣。

她甚至没有勇气去质问他理由和原因，只是仓皇地选择了逃离。然后用很长一段时间去舔心里的那个伤口。当伤口结痂，才从那段情走了出来。

兜兜转转多年后，他们再次相遇。他当年的另一段情只是个错误，多年来心底最深重的，便是对她的愧疚和想念。再面对她时，他的眼神变得无比柔软。几番解释和忏悔，她仍抱着戒备心不肯让他走进自己的生活。

可他的坚持延续了很长一段时间，直到他用所有动人的表现再次牵住她的手。她才试着接受了他的爱，因为知道自己也还是爱着他的，如果不能忘，那就选择原谅吧。

但她给的原谅并不是完整而真心的，她心里那些怨恨，会时不时地跳出来，提醒自己眼前这个人曾伤她有多深。每当这个时候，她便会无理取闹。原因很琐碎，比如他不经意的发呆，起身去阳台接某个电话，下班后回来得晚了一点儿……

他总是无条件的迁就她，也为当年的那次错误道歉了千万遍，承诺最爱仍是她的誓言也说了千万遍。每一遍都会让她从伤心的阴影里走出来，并感动流涕。可是下一次，又会因他一个小举动触及她的敏感神经。

她的坏脾气在他的朋友中众所周知，他们偶尔也会质疑他为何那么宠她让着她，会替他抱个不平，说点儿埋怨的话。她的闺蜜也提醒她，不要因为任性吓跑了他。她笑着接受劝导，心里却忍不住想：他是真爱自己，所以不会再次离开她伤她的心吧。

他们的爱情在冰与火的状态里交织，她一直处于胡闹状态，却从未真正去了解他、去温柔地爱他。于是那样哭了闹了又笑了的恋情持续了多年，他终究还是说了分手。他说，你太依赖我了，我很累……她随手抓起抱枕想扔向他，但突然忍住了。

当他说出分手那两个字时，她就觉得没理由再发脾气了。因为一直以来，她都是在试探他是否真的爱她，他的所有迁就和照顾，让她体会到他给的那个安全度。在那个安全度内，她潜意识地认为他不会离开自己，所以才会无休止地无理取闹。而这样的取闹是一种依赖，也是一种想爱又不会爱的表现。

但如今，他不爱了，那么胡闹的时效也过了。她像变了个人一样，平静地放手让他走了。其实她知道，自己并非有多爱，只是对往事耿耿于怀、心有不甘。当心中那些痴也在他的迁就里脱落后，她终究成长起来，不用再对他胡闹，也不用再去依赖了。

别在他的人生里打酱油

他有一份长年在外漂泊的工作，背井离乡，丢下妻儿老小。妻子是在他一贫如洗时就嫁过来的。温柔贤良，独自悉心育着一双儿女，照顾着彼此的父母。他只需每月按时还房贷，寄生活费。在家人的眼里，他便是个负责的、有能力的好男人。

在外的日子里，他一个大男人自己照顾温饱，自己解决烦忧苦闷。后来，他学会了调节这些烦闷，比如抽烟喝酒，与同事打牌赌博，更甚点儿，便是被朋友拉着出入声色场所。

面对灯红酒绿，可以玩到午夜迟迟不归，可以跟花枝招展的、不同类型、不同味道的女子勾肩搭背对唱情歌，或是心照不宣交流个暧昧的眼神碰一杯酒。当朋友们都接上老婆、女友电话愁着快点儿回家时，他却自由得像一阵风。

朋友眼中，他这样的生活，是一种自由自在的、行走人世间的洒脱。又因工作性质，手里总有公款，吃香喝辣歌舞升平，或是到各地顺便看看风景，全不用掏自己的腰包。但他性情里仍有传统的一面，看似在莺莺燕燕间穿梭自如的他，其实常常在夜深人静时觉得空虚寂寞。

直到她的出现，让他想到了爱情。他突然觉得所有过往都是浮云，如潮来潮去烟起烟灭般没有任何痕迹。他坚定地认为，妻子跟自己之间不是爱情，而是亲情。而跟她却是两心相通灵魂与肉体交融的爱情。她涉世不深，很快沉迷在他的软言侬语里，虽然觉得小三的身份有些沉重，却信了他说的：任何一种爱情都应该得到尊重。

于是，她义无反顾，跟随他一路南下北上、西行东奔。多少次，他握着她的手说，你等我，等我从房奴的大军里挣脱出来，给妻儿一个交代，然后跟你一起携手终老。

她知道他说的意思，也知道他能力有限，无法马上安顿好妻儿。房款还需要多年才能还完，他的儿女尚小，还需一笔钱做学习成长经费。他只能拼尽全力，将赚来的为数不多的薪水，悉数交于妻儿老人，来完成自己的责任。她是善解人意的女子，沉迷在他的爱和相守里，憧憬着他所承诺的那个未来。

多年后，他终于还完房款。但已不再年轻，身体不再结实。妻子要他申请回到公司换个坐班的职务，他因她犹豫不决，但理智最终战胜了犹豫。他对她说，无法割舍自己的妻子，因为她为自己带大孩子，照料老人，操持家务，守着活寡等自己回去；而且自己无法再承受风霜雨露的日子，需要一个安定的生活环境度过此后老去的时光……

年轻时四处流浪看好风光，谈一场轰轰烈烈的爱情他都经历和拥有过了。他要回去的地方，上班喝喝茶看看报即可。有大房子，有长大的儿女，很快也许就会有孙子孙女。那里有他的天伦之乐，那里有他的最终归宿。而所有“与你流浪一生携手天涯海角看尽风景”的话语不过是情到浓时的甜点。她只是他人生里的锦上添花，而不是尘埃落定。

她终于明白，自己不过是在他的人生里打了一次漫长的酱油。

认真谈恋爱

她并不是内向的女子，三五好友相聚时，她也是活跃分子。她也不是一直那样疯疯癫癫，她安静的时候，如止水。她也有更沉默更深沉的时候，沉到海底一样，有些暗，有些阴郁。

总之，她是个多重性格的女子。这样的女子，对她而言不知道谈恋爱是不是总会多一些困难。

她并非挑剔男方有无车房，也并非挑剔对方有多英俊帅气。她甚至不在乎年纪比她小很多或是大很多，不在乎对方身世或是身份。她没有多少世俗的看法和念头，她觉得自己要选的人，首先要看人品是否正直正派，其他的，便是后天可以克服的东西。比如习性可以迁就，比如性格可以磨合。

可就是这样的一个对恋人并不挑剔的女子，却屡屡放弃一段又一段感情。问起来，她似乎又说不清到底哪里有问题。

她曾经有个男友，性格时而开朗时而忧伤。他聪明智慧，在一起时，他总是能把她逗笑。她觉得生活充满阳光，便以为那是爱情。当他笑着笑着吻上她的唇时，她闭上了眼。可是没有动静，她睁开眼，他却提着一条绿色的小蛇放在她眼前，吓得她大叫一声弹了开去。虽然那是条假蛇，她还是生了很久的气。他哄了她很久说："我逗你玩，不好玩吗？"她缓和下来，虽然不生气了，但心里却有些失落。

他每次见她，总是一脸笑容，拉着她转，捧着她亲吻，有时吻着便笑起来，说你的嘴唇好凉，或是说你的嘴唇裂了，好干。每次她闭着眼感受他用肢体传达过来的爱时，他总是跑偏，要么说俏皮话，要么开始说我好想你之类的甜言蜜语。

后来，她离开了他。大家都觉得那男人不错，把她捧在掌心，总是逗得她开心的笑。不管人多人少，都会表现殷切。为何还不满足呢？她自己也说不清，他的确很好，可她觉得那不是自己要的爱情。

后来，她遇上了另一个男人。男人性情温婉，有时安静，有时开朗。她们在一起时，极少打闹嬉笑，但眼神却很好地交流了爱慕之情。男人吻她时，像捧着易碎的瓷器，一言不发，专注温柔。有时他会静静看着她，轻轻拂开她额上的发。她会抚摸他的眉骨，把手叠在他轻轻托着自己脸颊的手上。彼此对望，爱情一目了然。他也会说爱她，轻轻地耳语，或是专注地唤她的名字，不用别的言语。久不见时，男人一个轻轻紧紧的拥抱，什么也不说，只有彼此的心跳清晰如鼓声。她闭上眼，在他怀里感受那份爱，觉得这便是她喜欢的爱情的样子。

她想起有句话说，用沉默表达的爱，其爱最深厚。她也终于明白，自己要的，是一份认真专注的爱情。不需要过多的言语，不需要花哨的过程。那些开心嬉闹是喜欢的一种，而安静又严肃的爱情，却具有更深刻的幸福感。

幼稚的恋爱

他是个乖孩子，从小勤奋好学，心无旁骛，成绩优秀，一路考研读博，顺利完成学业。除了收获满墙的奖状和证书，除了脑子里翻来覆去的数字和文字，他从未去体验青春里的另类叛逆或新奇的风景。

当然，也是没有懵懂初恋的。在他看来，那些男生女生递纸条和耍小心计引喜欢的人注意的行为，都是幼稚可笑的，是浪费时间的。所以他的第一段男女恋情，是在工作一年后经人介绍的。

那时的他，已是大龄剩男。见过一面后，留下了联系方式。但他心思仍在工作上，没再主动联系人家。女孩倒是比他更热情，约他一起吃饭，偶尔还给他带来亲手做的点心或汤。他态度不咸不淡，不主动，也不拒绝。因为家人催促早日成婚，他想人生也就这样了，便有点儿默许的意思。

可是没隔多久，便遇上了她，她是公司新来的同事。只一眼，似乎就燃起了他从未感受过的火焰。也只一眼，就让他明白了什么是心动。原来他并非不懂爱情、不会爱人，只是从前未留心这件事，后来又没遇上对的人罢了。

果断拒绝了前面那个女孩，庆幸自己未辜负对方太深，接着便可以开始另一段感情。只是怎么开始呢？从未有经验的他，一时间，有些不知如何是好。看到她出现，他便心跳加速，手足无措。虽然表面极力装出镇定，内心却波涛澎湃汹涌。

花了心思在网上查一些追女孩的方式，点子五花八门，诸如送花，在楼下点蜡烛叫喊，写情书，或是把自己装进箱子快递过去等。看上去都很幼稚老土，选来选去，也觉得不是办法。

但担心紧张却是多余的，那女同事居然也是中意他的。下班后，她主动邀住在同一条街上的他一起回家。后来，就顺理成章地变为恋人。他会每天叫她亲爱的；会在路边看到野花给她采一朵或一束；会抄下两人发过的每一条短信，想等到节日时，当成礼物送给她；会陪着她去看无聊的爱情电影；会陪她去街边玩游戏机；会在微博上彼此含蓄又精心地回复评论；也会每天记得说早安和晚安……

所有他从前觉得幼稚的事情，都一一陪她去做了，并且做得乐意开心。他也终于发现，单纯和幼稚的恋爱是不分年纪不分性格的。只要真的爱了，就会愿意跟对方一起犯傻、一起幼稚、一起肉麻。而这样纯粹的爱情，会浪漫，会有意思，也会更持久新鲜。

只是良辰美景未赏透

他是孤儿，3 岁那年被一个男人收养。男人那年 28 岁，爱妻车祸去世。无心再娶，一心努力打拼事业。

这养父将他一路悉心照顾培养。他毕业后，却总因眼高手低无法选择合适的工作。养父家底还算殷实，便由他在家闲着。生活正无聊时，养父看上自己公司的秘书并很快娶进了家门。

年方二八正如花一般的年纪，却选择了年过四十的养父，他多少有些不适应。且女人嫁进来后，不再去公司上班。每天养父上班后，空荡荡的别墅里，就剩下两个年纪相仿却辈分有别的孤男寡女。尴尬里，流淌着些莫名其妙的刺激感。

他们刻意回避，却越是如此，越生出些别样情愫来。养父忙于应付公司事务，还时常出差。他便跟女人一起做饭吃饭，一起看电视聊天，一起去超市购物。养父待他如亲子，从未想过后院是否会起火。不料那干柴烈火的两个人，终究在日久生情里做出了有违伦理的事，并海誓山盟想要私奔，想要生生世世在一起。

面对两个都是自己深爱的人，养父悲伤欲绝。一怒之下，将二人赶出了家。当然，也断了他们所有经济来源。有养父的朋友问，这样不是正好成全了他们？

养父凄然一笑，是要成全他们，他们不是想永远在一起吗？就让我看他们如何生生世世吧……

被成全的他们，离开了“衣来伸手，饭来张口”的生活环境后，开始了艰苦的生活。女人卖掉首饰租了廉价的房子，两人每天一起出门找工作。因为急着解决生存问题，也不再在乎工作种类或待遇。

最初的日子，苦也觉得是甜的，再也没有顾虑，没有阻碍。先下班的他会去接她，然后一起拉着手走很远的路回家。回家后一起在狭小的屋子里做简单的饭菜，夜里彼此为对方揉肿胀的脚，再早早上床相拥，恨不得整日都是春宵。

不过两三个月，他因为跟老板意见不合吵架而被辞退，她因为觉得生活太辛苦便开始回应新老板的暧昧暗示。本性里，他的不能担当和依赖思想，她的好吃懒做和贪图享受，都渐渐显露出来。

他们开始争吵，他怪她害得自己跟养父成了路人，丢了好生活好前途。她怪他没有本事，像小白脸一样养不活女人。彼此的厌倦与日俱增，直到碰也不想碰对方的身体，再也不想跟对方静心交流。

很快，她重新攀附了其他有钱男人，他则回头苦苦求养父原谅。

养父看他站在院子里的颓唐身影，叹了口气说，这就是你们所谓的爱情，不过是些欲望和激情而已。

其实世间有很多人也是如此，彼此迅速被吸引，越是不能在一起，越是想在一起。万般辛苦、千般努力地在一起后，却很快开始厌倦和大失所望。而在那之前，只是因为良辰美景还未赏透罢了。

Part 4：再见，再也不见

分手后，还想见他吗？还四处打探他的消息吗？还相信像他说的那样可以做朋友吗？不要那样了吧。告别一个爱人，就不用再见了，他也应该与你再无瓜葛有新的生活了。不要活在昨天的太阳里，因为你今天洗的衣服，要今天或明天的太阳来晒干。那么跟他说再见，再见后，便是再也不见！

我记得和我忘了

相恋时，她跟朋友们相处时，看到某些景物会说："我记得跟他去过那里，那天天气晴朗，那天他背我走过了草地……"吃到某个菜肴时，她会说："我记得他追我时，第一次为我做饭时就炒了这道菜，我记得那次他不小心放多了盐，我们喝了一下午的开水……"

说起这些时，她一脸的幸福和甜蜜。

当然她记得的不止这些，她还记得他衣物的尺码、爱吃的食物、他父母的生日、他的生日、他爱看的书爱听的歌……甚至他不经意说起爱看的某部电影名。

因为这些记得，他也觉得很满足，因而对她的感激和感动多了几分。但感激和感动终归不是爱，是不够纯粹的爱。当时光渐行渐远后，她的那些“记得”在他眼里变成了唠叨；她为他那些生活习性所付出的心思，被他看成了负担。当他遇上另一个更时尚、更美丽的女孩时，终于忍不住选择了去感动别人。

失恋后的她，仍然会出来跟朋友一起聚会。只是再也不如从前那样健谈了，因为从前的她，无论人在哪里、跟谁在一起，想的都是他，谈论的也是他。可如今那个人已经抛下她离开了，再说起，只是用旧甜蜜来刺激新伤口罢了。

这时的她才发现，从前的自己因为太爱他，不知从哪天起丢掉了自我。那时她眼里整个世界都是他，只记得跟他有关的所有事情，却忘记了自己的爱好、自己的习性……

再有人对她提到他的现状，提起他的往事种种时，她只是淡淡地笑着说：“我不记得了，我忘记了……”

虽然这样说是在自欺欺人，但至少她知道自己应该把记得的那些关于他的事都忘了。只有那样，才能开始新的生活。只有那样，才能走出那片痛苦的沼泽。

恋爱时，我们是需要用心记得对方的种种习性，然后用行动去关怀和照顾对方，那也是我们表达爱的一种方式。但失恋后，我们首先要学会的是忘记，不要再让那些记忆对你纠缠不休。这样的时候，我们需要把记忆收回到自己身上：记得自己爱吃的食物，爱去的地方，爱做的事……

忘记了对方，才能记得自己。然后在失去爱的时候，自己爱自己。

再见，再也不见

他们分手时，她哭成泪人儿。他说，没关系，我们以后还可以做朋友。分手了，不表示我们不再联系。

她抹了泪抬头看他，他以郑重的表情对她点头，她才勉强止住了悲伤。在她想来，是怕从此与这个情同亲友的人就此陌路，想来，那也是件寒心的事。而分手，并非不爱，许是爱得不够，许是的确抵不过现实残酷。

于是，挥挥手走了。

最初，他是会主动跟她联系的，嘘寒问暖，叮嘱她早睡早起，按时吃饭，工作不要太拼命，心情要放松。如此种种，仍然如大哥哥一般，细致周到、关怀入微。

她觉得，除了与他距离远了，心还是近的，因此倍感温暖。

慢慢地，感觉他联系自己的次数少了。有时夜半想起他，发了信息过去也不见回音。偶尔回复过来，也只是一句，你没事吧？我那时睡着了。后来的理由或是手机关机了，或是没电了。

再后来，便告诉她说，其实，是有新女友了，有时会不方便。

她是懂事的女子，便说，那你方便时再回我好了。于是，只有在心情极不好时才在QQ上联系一下他，或是发个短信，也不再刻意等他回复。有时他隔很久回复她时，她早换了别的心情、别的心事、别的情绪。于是看着回复笑笑，内心仍然很温暖，希望他过得安好便是。

某次夜里，她失眠，发信息给他时，突然迟疑了。她意识到自己居然如此自私，他既然有了新女友，就会一心待那个人，就像曾经那样待自己一般。就算新女友十分信任他，在半夜三更还收到前女友的短信，也是不太妥当的。

而过后再回复的他，一定也是心情矛盾的。因为她了解，他是个专一的人，这种专一，虽没法一生只爱一个人，却能一次只爱一个人。所以，他虽然仍然担心惦记旧人，却一定是不愿辜负和委屈新人的。

她如此将心比心想了一遍，忆起自己与他恋爱时，他也是从不跟别的异性联系的。那么他要是背着自己理会别的异性或旧人，自己也一定会难过和不安心的。

旧情人就像是一个旧疤痕，一直去碰去挠，痕迹就会鲜明。这样的疤痕横在他与新女友面前，自然是不太美好的事。

她想起一段话：不要说离开以后还会想念，不要说分手后还是朋友。离开一个地方，风景就不再属于你，错过一个人，那人便与你无关。

现实的确如此，分手后还会想念，那仅限于两人都还没有新欢或是旧情未断。而分手后所谓朋友，也不过是藕断丝连的自欺欺人罢了。离开一个地方，那地方自然有别的人欣赏风景；离开那个人，便有另一个人与他重新编织生活。

你再频频出现，就刹了人家的兴致和风景。所以恋人再见，便就此再也不见为好。当然，若都还单身，且旧情复燃，并两心求同，自然也没人拦着。

失恋后的倒数

她失恋了，QQ 签名开始每天更新，记录当天心情：

“第一天……”

第一天是一串省略号，痛彻心扉的时候，任何语言都是苍白的，所以，就用沉默来代替吧。

“第二天，对你微笑，纯属礼貌。”

第二天，不能再对你撒娇，也不能放下自尊对着你哭，那么矜持又勉强地对你微笑吧。不是恋人的时候，我们之间便有礼貌。

“第三天，度秒如年。”

第三天，忍不住把真实的心打开，其实，分开后的时间是数着时针一秒一秒过来的，因为疼太真实，每一秒都过得那么漫长。

“第四天，天被熬亮了。”

第四天，仍然是煎熬，这长长短短的过往，怎么能一下子忘掉呢，那么就这样一点一点任它煎熬吧，熬着，天就亮了。

……

签名一天天悲伤地在继续，突然有一天，冒出来一小孩，他在签名下问：“姐，你为啥不从失恋后的两万天倒数呢?”看完这句话，就被击中了。

如果我们从失恋后很久的时候倒数，会是什么样的情形?或许那时的自己，早已把手放在另一个人手心，目光里的深情已经属于另一个人。我们再也不用提起两万天前分手的那个人，再也想不清他的容颜，想不起跟他的那些过往，就算想起，也不会疼了。再痛心的恋情，在失恋后的两万天，也许都会淡了。既然终归要忘却，不如早点儿忘了，用新的心情来面对失恋后的每一天。

实在要数心情，那么就倒数吧，幻想一下多年后的那一天，我们脸上有灿烂如花的笑颜。

别在爱中伪坚强

她要跟他分手，事先跟闺蜜聊起如何对他开口。闺蜜问：“他那么爱你，你不怕伤害他吗?”

她若无其事地说：“他是个非常坚强的人，经常听他说不会因儿女情长做傻事呢!”闺蜜无言以对，只好劝她三思而行。她没有三思，回头就找到他提出了分手。他有些错愕，但仍然强作镇定地说："如果你意已决，我做什么说什么有什么用呢？"

从他的脸上，她看到的是波澜不惊的绅士风范。于是她问："你会没事是吧？你那么坚强，肯定没关系对吧？没有我，你一样也会过得很好对吧？"

面对一连串的追问，他勉强笑着说："我会一直坚强到让你心疼的……"说完，他决绝地转身走了。她在原地怅然若失，仿佛说分手的是他，而不是自己。其实她心里，是希望因为自己提出分手而刺激到他，希望看到他的泪，看到他伤心的表情，看到他悲伤地搂住自己恳求她不要走……

仿佛那样，才能证明他是真的爱着她的。这样看来，他是真的不在乎。她心里的冷意一点点泛上来，突然觉得自己冒了个早知结果的险。然后，她终于下定决心、义无反顾去了另一个对她示爱的男人身边。

分开后的他，没有主动联络过她。他认为自己没有事业，没有背景，没有能给她幸福生活的保障。所以当她提出分手时，他狠心依了她。他以为那样是成全了她的幸福，却不明白爱一个人，与其为了她的幸福而放弃她，不如留住她，为她的幸福而努力。

而他在人前的坚强，只是伪装。他频频表现出的大度和无所谓，让那些爱过他的女孩觉得伤害他问题不大。于是有人来了，又有人走了。也有人一而再、再而三地从他的生命里路过。需要时便来，厌倦时便走。

他的心，在这些来来回回的伤害里千疮百孔。却总是倔强地昂着头不肯让人看到他的泪，不肯让人看到他的悲伤。

这样的伪坚强不是什么好事，爱情里，偶尔也需示弱，把自己最真实的想法传达给对方。就算是男儿的泪水，为爱轻弹也不是罪。至少你的真心，要让你爱的人明白。

失恋的瘦身功效

她夜里翻旧照片，看到一张自己 20 岁时的照片。穿白色紧身裤，黑色紧身上衣。那叫一个瘦，衣服穿在身上妥帖精致。虽然表情有些忧伤憔悴，却另有一番风味。

抬头看镜中现在的自己，足足比那时重了十几公斤。回想一下，那时这么瘦的原因呢？一是工作关系，每天 12 小时站在工厂，做手工。更重要的，是那时正失恋。

初恋两年，像是她整个天空一样的男人，突然娶了别人。束手无策内心惶然，却顾不上伤心悲痛，还得熬着每天二分之一的时间不停做工赚生活费。

于是，瘦就成了顺理成章、轻而易举的事。

再想想多年后的今天，她仍然单身，也仍在不久前失恋。却丝毫没有瘦下去，因为这时的失恋已不如当年那么清晰疼痛。仿佛只是两个在一起生活的人再分开生活而已。无关痛痒，所以照吃照睡，影响不多。

而工作，不用再整日辛苦地站着，用的亦不再是体力，而是脑力。所以，这次的失恋，完全没有瘦身功效。

这样一对比，她倒是有些怅然。原来人生经历过的东西多了，连失恋这件原本可消得人憔悴的事情也变得无效了。想来，也是件遗憾的事。因为此时的她，对着那旧照片怀念那好身材时，反倒有了一种若能再瘦成这样，宁愿再失恋一次的冲动。

但是失恋对于她，再也不会有那样明显的瘦身功效了。因为那最显著的功效已经在多年前，为了一个人而耗尽了。

恋爱，本就是一件苦乐参半的事。你有多少快乐，就会经历多少痛苦。比如相思，比如嫉妒，比如离别，比如决裂。每一样，都不同程度地让人苦不堪言。

但是，若像古人那般“为伊消得人憔悴，衣带渐宽终不悔”也好。因为至少在这份爱情里，对你起到了瘦身的效果。因为想他念他，无形中人就瘦了。瘦了后衣服好选了，穿什么都好看了。也许本来有点儿嫌弃你的那个人，又会回到你身边黏着不走了。

再说失恋，有些人失恋后，大吃大喝以泄愤。很快像皮球一样胀得圆滚滚的，别说翻身夺那人回来，就是再想找个新的，也困难重重了。如此得不偿失，一定不可取。

倒是那些一失恋就病快快茶不思饭不想、日渐消瘦弱风扶柳的姑娘们，弥补了失恋的失败之处，成功减了肥。然后，一不小心发现衣服穿在身上好看多了。对着镜子一瞧，没了赘肉的身材，原来看起来这么顺眼啊。

若是这样，那失恋倒成了好事，还有啥值得难过的呢。只是如今，倒是好些人寻思，怎么失恋也没了那般不思茶饭的效果？所以，失恋与身材，也是跟着时代走的。

古人恋时就变瘦，别说失恋了。因为那一爱就刻骨铭心了。而现代人呢，爱着爱着次数一多，就木然了。除了挫败感和愤怒，想必也没有多少能让自己消瘦得痛彻心扉了。

不能忘，只好少去想

高中时，他们就恋爱了。每天他骑单车送她回家，分别时都要对她说，记得想我。

她乖乖点头，挥手作别，人还没走出视线，心里却已经开始想了。上楼梯时，看着手腕上他送的廉价水晶手链，每粒珠子上都有他的脸。或是他回身时的一个笑，或是篮球场上一个漂亮扣篮，抑或是将早点霸道地塞在她手里要她马上吃掉。

进了屋，低头吃饭，碗里的米粒也拼成了他的脸。饭后回屋做作业，打开课本，里面有他帮着做笔记时画下的线条，写上的批注。他的字迹明明歪七扭八，但她看起来就是最好的书法。夜里睡前，抱着他送的小熊。回忆着她在某个竞赛中得奖后，他带着小熊来祝贺她的表情。那开心的样子，好像是他得了奖一般……

就这样，一整天要想起多少次关于他的样子、他的事件呢？真的数不清了，仿佛空气里全都是那个人。初恋的美好，大抵也不过如此。

大学时，他们分别在两个城市读书。周末见面，分别时他仍然是说，记得想我。

她仍乖乖记着他的话，只是不知从哪天起，他不提醒她，还以学习繁重为由很久才来见她一次。她自然是失落伤心的，但毕竟都是爱学习的孩子，于是相信要先以学业为重，把儿女私情放到长大后。

毕业后，他们工作也没能如愿的分在同一个城市。断断续续地联系，隔三岔五的见见面，关系不咸不淡的。一年后，她才知道他早已另有所爱。分手的话，他不忍提出，才瞒了她那么久。而此时，那边的新欢都快成旧爱了，所以根本没有什么挽回的余地。除了眼泪，她什么也做不了。

她听小刚唱道："缠绵的爱比不上胸膛的温馨……感情像个闹钟按一下就停……"先按停的，是他。而她这里，怎么忘记？从那美好的年华就走过来的爱情，那些每天每夜的想念，怎么说停就停呢？

她只能夜夜枕着泪水入眠，一天想起那个人好几遍。

自然有人劝她放下，劝她忘记。她也提醒自己要放下要忘记，只是哪有那么容易。她只知道，每一次想起他，心里的疼痛就会加剧，泪水就不由自主地流下来。因为害怕这种状况，她藏起了所有跟他有关联的东西，他送的礼物，有过共同记忆的物件全都放进了箱底。就连跟他有回忆的街道，也避免走进去。

但她并不提醒自己忘记他，只是每一天提醒自己想些别的事、别的人。渐渐发现，这一天只想起他三五次，后来一天只想起一两次，再后来那天，一次或是没有再想起。

朋友见她情绪稳定下来，便笑着说，真好，你终于把他忘记了。

她笑而不语，心里却明白，自己不可能会忘记他，这一生也不会忘记。她做的，只是在减少想起他的次数和频率。她知道，此去的岁月，也许三五天会再想起他一次，十天半月想起一次。到最后，变成三五月或半年一年才想起一次。

那样，就可以重新去爱别人，重新面对生活了。

放弃，便不再担心失去

他们是邻居，一起玩耍，一起上学，一起长大。但现实里没有那么多青梅竹马的故事，原因是她其实并不爱他。从小到大，她都只是把他当成哥哥一样依赖，随意而亲切罢了。

而他，从情窦初开那一天，心中梦中的女孩就是她。

有些爱情从一开始就错了对象，有了偏差，自然就有了疼痛和无休止的折磨与纠缠。一个拼了命要爱，一个拼了命要逃。兜兜转转的人生里，她百转千回后，终于尘埃落定般认命一样回到他身边。

正式开始恋爱，他欣喜地看天空色彩都不同于从前的岁月。每天上班下班，看天空的云朵是她，看玻璃后的模特是她，看路边的花草树木都是她。就那样，恨不得把她捧在掌心一般地爱着。

她也知道他的爱有那么那么多，似乎就慢慢恃宠而骄起来。霸道和专制也用得得心应手，比如看他 QQ 空间里有任何一个女性回复都要故作凶恶地追问一番，看着他提心吊胆语无伦次紧张解释时，她便忍不住笑了起来。

其实她知道自己没有那么在乎，好像觉得这个人注定是自己的，就像从小生下来，他就是自己的一部分，自己在，他就在，哪里也不会去，怎么也不会丢。

而他，却恰好相反，觉得她好似随时会离他而去。她给他的感觉，永远若即若离，就算天天在身边，却仍有无形的距离。有时候，他在夜半醒来，借着昏黄的路灯或月光，看她娇好的脸庞，看她眉眼下藏着的忧伤，看她不很均匀的呼吸，觉得她是那么熟悉又是那么陌生，觉得她近在咫尺却又仿佛远在天边。

她长大后离开他的那些时光和岁月，经历了些什么？爱过什么样的人？有过什么样的心情和生活？她在想什么？这样的问题，他跟她恋爱三年后，仍然不甚明白。她像个谜，性情复杂的他永远弄不懂。所以，总怕失去她的担心像个病毒，日日在身心里扩散。

后来，他们领了结婚证，她却拒绝要孩子，总以工作和经济不稳定来作借口。他开始不满，有一次他们争吵起来，他闷声问，你一直不要孩子，是不是怕离婚时不方便……

她怒了，什么也没说，摔了门就离开。

他想起一句话说，吵架时，先生气的人是因为没有道理。

的确没有道理，他爱得那么久那么深那么苦，却仍然感受不到她会跟他一生一世的深情相依。他觉得累，觉得怕，整日活在担心失去里，拥有那个自己爱着的人又有什么用？

最终，他们还是分手了。他回想这份执拗和担惊受怕的爱情，自嘲地笑了。他想通了，原来有些爱情，是需要放手才能让自己幸福的。他想，这下好了，这一生再也不用担心失去她了。

不久后，他接受了另一个爱了他很久的女孩。女孩对他没有任何要求，唯一的要求，就是希望他同样爱她。他只是做到这一点，两人便和谐美满，岁月静好。

哪种分手都心痛

小时候遇到头疼脑热的情况时会烦躁地抱怨：“头痛好难受，哪怕是肚子痛也好点儿……”这时爸妈一般会呵斥并责怪说：“傻孩子，哪里痛都会不好受的！”

长大了，自己经历了失恋，也看着周围诸多朋友恋爱。这些失恋后最常听到的就是怪分手的原因太痛苦，要是换成另一个原因分手，也许就没有这么难过了。就如朋友晓枫，跟女友是异地恋。热恋三个月后，女孩就被家乡的爸妈召唤回去并且不让她再来晓枫所在的城市了。

晓枫女友给他的解释是父母以死相逼，自己身不由己。这样的理由晓枫只能默默接受，因为晓枫是单亲家庭，母亲辛苦将他拉扯大，他也不能扔下母亲和手头的工作去找女友。所以晓枫满心无奈地说：“这样的分手原因让我怎么接受啊？哪怕是不爱了再分手这样的理由也行啊，起码不会那么难受。”

我调侃他说：“哪有一种分手是不心痛的？只是看你怎么想而已。”因为我知道很多痛苦是由内心想法得来的，晓枫的情况换个角度去想也许就会不一样。比如他们相恋的时间还很短，彼此看到的都还是对方最美好的一面，能在爱着的时候分开，也不失为一种美好的遗憾。因为一生那么长，再好的爱情也终会归于平淡。如果想让一份爱永远如热恋时一样美好，无疑只是个一厢情愿的童话。

有一句话说："相濡以沫会厌倦到老，相忘江湖会思念到哭。"这虽然看上去有些极端，却仍是有几分道理的。爱情不是生活的全部，生活中会有许多纷扰和风雨。所以不能在一起的人就不要强求，那份爱着时的美好会像开在心底永远不谢的花一样，偶尔想起，就有淡淡芳香，那让你感激人生路上，曾和那样一个人相爱过。

这样看来，爱着时分手的心痛也许比厌倦时分手要好得多。当然，若你们是在厌倦彼此时才分手，就想成与其一起互相折磨，不如分手各自找新的幸福。又或是被负心人抛弃的分手，也可以想成他不懂自己的好是他的损失，旧的不去新的不来，幸福会在下一站等待的……

总之，哪一种分手都是会心痛的。我们要做的是换个角度想问题来减轻那份疼痛，而不是钻进死胡同让自己更痛。掉个头向胡同外面走，换一个角度和方向，把爱或不爱放在身后，沉封或是遗忘它，才能早日走出失恋的阴影、开始新的生活。

你若无心我便休

年少时，她喜欢上一个人。那人知道她心心念念自己多时后，倍加感动。或许年少的心认为感动也是喜欢，于是回应了她的示好。可是不久后，就有新的女孩闯进他们之间。

那是个阳光明朗的女孩，笑起来如一树繁花乱颤。而她，是个忧郁沉默又含蓄内向的孩子。那个人发现自己更喜欢阳光的女孩，便选择和那女孩在一起。

她的心从此埋下怨恨，多年来不能释怀。想起他，总是又爱又恨。爱是因为没能爱成，恨也是因为没能爱成。如此多年，内心无法明朗，对待爱情的态度，也是与众不同。那份好强和不服输，一直在血液里流淌。面对众多追求者，她置之不理、冷漠孤高。但凡遇到一个不喜欢自己的，却要拼了命让对方喜欢上自己。可最后，又觉得毫无意义选择放弃。

如此折腾多年，她仍然不快乐，直到再次与他相遇。

他似乎并非不爱她，于是拾起失却的岁月，同她开始烟火爱情。但她心里那些对昨日的不满像小蚂蚁一样，每每在他对她有一丝不好时，就爬上心头咬一口。不信任和对往事的耿耿于怀，让他们的爱情进行得十分不顺利。她开始对他使用心理惩罚，而他因为自己曾负了她而内疚谦让。于是一个步步紧逼，一个退让到无助无力，最后她自己提了分手。

这一次，她觉得自己放下了，也看清了自己跟他其实不合适，续那一段缘，只是因为一个心结。再次想起他无辜的表情，她反倒有了许多愧疚。在岁月的磨砺里，她终于明白了什么是爱情。

后来，她嫁了个彼此相知的人。对方爱她如婴儿，但时过境迁，再美好的爱情也因现实有了划痕。多年后，他突遇旧情，然后变心。突如其来的变故，让他自己也吃了一惊。百般不知如何是好，仿佛比她还痛苦为难。她主动放弃他，独自离开。因为她觉得眼前这个男人，已如亲人一般。他的难处若她能解决，一定选择尽力成全。

在她看来，虽然爱情会有不舍得。但当你爱的人爱上了别人，你还死不放手时，不甘心是大于不舍得的。她明白不用不甘心，所以走得云淡风轻。原本看似暴风雨来临般的情场争斗，一点儿也没有发生。倒是身后那被成全的人，心里空出一个大洞。

不久后，她遇见一个有好感的男子，男子的暧昧不清让她误以为对方喜欢自己。可是，当她每每在关键处要跨过那点儿暧昧说到喜欢时，对方却总有退却之意。原来，人家是无意的，只是寂寞，或只是慰以孤单罢了。

这样的事放在以往，她一定不会善罢甘休，大概会用十八般爱情技巧来猎取对方的心。可这一次，她心平气和。得知对方并不喜欢自己后，她说，我是喜欢你，但你若不喜欢我，我会马上收回我的喜欢。

这般原本应该让她觉得伤自尊心的情形，如今却能坦然无畏，倒是让对方有了不自在。她豁达的说，我会感谢你，赠我这段空欢喜。

情路艰辛，她能如此淡定，是有了一种风波定止的力量。她已看清爱情里的某些本质，明白很多时候我们怨恨那个辜负我们的人，只是因为放不下自尊心、好胜心和不甘心。其实对方爱不爱你，无关你够不够好。所以不用浪费时间去争斗，去用得到对方来证明你的魅力。我们的自信和价值，从来都与那些不愿欣赏自己的人无关。

那么若你无意，我便休矣。不怨你，不恨你，用好朋友的身份祝福你。

那些为你修心的人

女人问男人，你是做哪行的。

男人说，维修。

女人打趣，那修心吗？

男人说，如果你需要这项服务，当然可以修。

女人说，若让你修碎掉的心，你技术过关吗？

男人问，这个还有讲究？

女人说，当然了，比如在修的过程中你用针来缝补，那么每动一针，就要扎下去。那不是就又添了新伤吗？

男人惊讶地说，原来修心还得讲究工具和方式啊。

其实，修心的确是个技术活的。所以你在为爱心碎了之后，若想找个人来修补，就一定要挑清楚了，不然非但修不好，且还会修得更碎。

人们经常对失恋的人说，让伤口愈合的最好办法就是新欢和时间。若治不好，就表示新欢不够好，或是时间不够长。

这里的新欢，其实就可以是那个来为你修心的人。当然，若是你主动爱上别人，那另当别论。且你若能爱上别人，说明时间这一关够了，你已经自愈或是用其他办法让碎的心又完整了、正常了。

但那些还碎着心的人，在遇到下一个爱他的人时，总免不得先接受某个人的修心。于是，这个新到的修理工，就起着至关重要的作用了。

若这人一开始口若悬河、夸下海口说自己技术多么强大、修补能力多么好，你信了后才发现他根本就是只会说不会做的人，那么你就只能空欢喜一场。若是没有被他那些夸夸其谈蛊惑，也还没有因为相信他说得好就付定金，那简单地赶走他就行了。

若是你已经相信他了，憧憬他所说的了，并且付定金了，结果任他一实践才发现，他不过是说得好听，做的事却让你大失所望，甚至还在你的旧伤上添些新伤。那样，你的心就只好变得更碎一些。这样，也给下一任修补工增加了难度。若你一直遇不到好的修理工，你的心就只能一直碎着，等时间久了，慢慢自愈。

而那些夸自己修补技术和能力强大的人，就是那种嘴里说我会对你如何如何好的人。你信了他，跟他订下了合同或成为恋人后，发现他根本就不会关心你，也不会对你有多好，不过是贪图一时的身体欢愉罢了。可这时，你付出的定金就如付出了你的感情。

所以，心碎后，最好的办法是自行修补。如果会遇到修理工，也不要先付定金。让他多露几手给你看一下，然后再签订那份新恋情合同吧。否则，他们不但修不好你的心，反会越补越疼痛。

百度你的名字

她在最美的时光里与他相爱。

那时的她，家境一般。父母是以养儿防老的心态养大她和姐姐的，所以不太宽裕的家长早早断了她和姐姐的学业。父母只愿她们嫁得好人家，然后老有所依。

很快，姐姐招了上门女婿。却不料姐夫的老实忠厚都是装出来的，结婚不久，姐姐刚怀上孩子，姐夫就原形毕露。赌博是他最上心的一件事，先是把每月的工资悉数输掉，后来又输光了为数不多的积蓄，到最后，居然悄悄输掉了他们的房子，还倒欠一屁股债。当收房子和讨债的人找上门时，大着肚子的女人才明白真相。可是再哭再闹也没法控制这样的局面，只有寻死觅活地把泪水往外洒。

她心疼姐姐，也担心家人就此流落街头。好在是身边还有个他，他生在城里的好家庭，有为官的父亲，有为商的母亲。因为爱她，他不顾父母反对出手帮她撑起了那个家，撑起了她的一片天。

姐夫在他的劝导下从忏悔中清醒过来，也因为新生儿子带来的责任感，开始埋头干活重新过日子。她感动于他为自己做的一切，看他的目光永远像阳春三月一样温柔。他带着学历不高的她到城里，让她参加成人自考，鼓励她取得学业和好前程，然后比翼一生。

那时的她，心里美好得像春天枝头的粉色桃花，看见谁都忍不住送上微笑。她努力地读书学习，努力地爱他，努力地憧憬未来，虽然他的父母一直都不接受她。

他把那份情坚持了三年，一直在父母的反对下无条件爱她保护她。可是有一天父亲突然查出癌症，需要一大笔钱治疗，知道也许会不久于人世，所以父亲想看到儿子完婚。老人知道她家有个好赌的姐夫，知道她乡下那一无所有的家，所以坚决不同意他娶她进门。为了父亲在弥留前放心地去，他终于匆匆接受了相亲的安排。

他瞒着她，三个月后才告诉她：有了未婚妻，认识三个月，怀孕两个月，下个星期办婚礼……

那时的她，正在城里各个能赚钱的场所打工做兼职。她知道他需要大量的钱给他父亲看病，所以她想为他做点儿什么。可是没有用，他相亲的对象是个生意人的女儿，他们不缺钱，他们门当户对。

她哭着求他，如果只是为了钱，她哪怕把自己卖了，也愿意为他换来救父亲的钱，但是不要跟别人过一生。可是，他们将生米做成了熟饭。他就那样残忍地掐断了她的所有念想，消失在她的世界里。在她最幸福最美好的时光里，突兀地画上了句号。

她的生活，就此坍塌了下来。她不跟任何人说话，每天待在网吧玩游戏。半年后，她在姐姐的苦苦哀求下勉强醒悟过来。自此开始麻木地生活，再也不去爱谁了，只是活着。

后来有一天，她终还是忍不住去百度了他的名字。找到他的博客地址，看到了他现在的妻子。他们美好的婚纱照像一把剑，一点点刺穿她的心脏。她终于流出泪来了，也终于缓过一点儿气来。她抚摸着照片上那个熟悉的脸，终于把心柔软了下来。

她仍会在想他的时候去百度他的名字，但只是一直远远看他幸福，不再说话。她知道，有些人，再怎么爱，也只能给你一时的美丽。而一生，却实在是太长。

需要变心就变心

他爱她，世人皆知。

爱是简单一个字，现实生活却充斥着很多负面的、对爱不利的词。战胜一些，永远还有另一些。虽然她还在他身边，但他总是感觉她随时都要离去。

她看窗外蓝天时，眼神总是忧郁的。她看电视里亲情节目时，总是泪如雨下的。她在狭小出租屋为他做饭洗衣时，总是沉默的。她给他的笑，总是隐忍又凄楚的。

他越来越觉得，自己的爱，对她成了一种负担和束缚。她的目光里，有种渴望去远方或是回家乡的冲动和希冀。他的爱，给不了她安定的生活，也给不了她漂泊的不羁。

于是他试图爱上别人，刺激她离开。她果然带着愤怒离开了，他在她的身后潸然泪下。他给她自由，放她飞翔，且那么果断刻意地告诉她自己爱上了别人，只为她没有愧疚毫不留恋地离开，因为他知道她是善良的。

但她走后的每分每秒里，他连呼吸都是痛的。终于忍不住告诉她，自己是故意的，自己忘不了，自己放不开……她却不相信他，她说，爱得那么深的人，突然间像变了个人一样爱上别人，让人觉得害怕。

他一再解释，只换得她一句再给我一点儿时间吧。

在她要的时间里，他等了一年，她仍然不肯回到他身边。看她电子相册里跟父母团聚时的欢乐，跟朋友旅游时的快意，文字里也跳跃出轻松和明媚。

他的心五味杂陈，觉得自己给她的爱，原来并不是她想要的。他决定放手，于是试着接受身边那些对他有意的姑娘的邀请和献殷勤。他是俊朗正直的男子，并不缺少追求者。要做的，只是放下自己的执着，选择重新开始。

她察觉到他很久不再主动联系自己，照片里也有了异性朋友的影子，便追问他是不是变心了？

他犹豫很久说，是变心了。

她怨愤地说，看吧，说爱得那么深，也敌不过时间的考验……

他说，这难道不是你想要的变心吗？我不是要变心，而是需要变心。

她沉默良久，终究没再说出一句话来。

是的，她一直不肯回去，只是在等他变心。她希望他有新的爱人，有新的爱情，时间和新欢，会让他忘记自己，并且不那么疼痛。

而他，了解她不想背负内疚和对他的担心和牵挂，顺应那需要变心了而已。这种变心，是彼此的需要，也是在爱情里放彼此一条生路的途径和方式。如果我们都能在需要变心时就变心，那么情感世界里，也许会少些纷争和苦苦挣扎，多些慈悲和云淡风轻。

谁在门后不肯走

她爱了他很多年，开始是暗恋，后来因表白变成了单恋。再后来，他因为感动，让她的恋情修成了正果。

此前，他谈了一场又一场恋爱，终觉得疲倦才接受了一心恋他的她。所以觉得此生也就这样了，信奉了那句结婚要找爱自己的人。最初也算是美好的，有些瑕疵也都被他忽略了，于是很快娶了她。

婚后，他觉得是幸运的。因为她的确很爱他，打理好一切家务事，从不让他操心。包括他的父母亲友，她都顾得周全妥帖，不让他有任何后顾之忧。

为此，他事业做得心无旁骛，越来越顺手顺心，开始小有成就。而他自己，由一个颓废小伙子变成了一个气质儒雅的成功人士。年华正当时，手头又多了些钱财，人便愈发风光起来。而她却因与他共苦那么多年，并因太过操心琐碎家事而显出苍老和憔悴。

他对她的感激，慢慢变成了压力和厌烦。嘴里虽是不说，心里却开始觉得她实在配不上自己的光鲜和能力，心事便那样浮浮沉沉开始波动起来。起初只是飘啊飘地想一想，后来有了被诱惑的资本和条件。他装模作样坚持了不久，就妥协于女下属对自己的示好。

偷来的爱情持续了一年多，家里的那个她才知道。而此时孩子正在上幼儿园，年岁尚小。她虽然悲伤，却未想过离他而去。至少她觉得为了孩子，也要留下来。

可他在知道东窗事发后，态度却是截然不同。声音虽小却很明确地向她表态说，如果你想离婚，我会给你足够的钱。孩子若你不想要，我会照顾好……

这些话说得很通情理，却是句句剜了她的心。可执迷不悟的她心存侥幸，并不能正视自己一开始就爱错了人。所以百般哭诉着不要跟他离婚，只求能维持夫妻之名，从而对他的桃色事件睁只眼闭只眼。

这样的日子就为偶尔等他回到家，同她和孩子吃顿饭打个招呼。她想，至少那样，他还是她的人。可是他虽然回来，却是吃完饭就关门离开，留下她在门后悄悄流眼泪。

这样的痴，让旁人觉得是傻。这些人里，有一个是她的追求者。诚然，她也是有追求者的。虽然她在爱情上的确表现得有些傻，但并不妨碍有人发现她的好。只是她却一直未发现，抑或是一直不想发现。

她的一生，从走进那个人的门里，就再也没想过要离开。她死守着一个人的痴情，在关上的门后哭泣着不肯走。那样的情形，持续了漫长的一段时间，她仍然没能等到那人为自己打开心门和爱之门。

离开时，她终于承认她其实知道，他的门早就不再为她敞开了，抑或是从未真正为她打开过。而她的离开，虽然有点儿迟，但至少，她终于懂得从关掉的门后挪开视线，然后向那些为自己打开的门走过去。

找找新欢那些好

她与第一任男友相恋五年，漫长岁月里，看尽对方的缺点，也熟知那人的优点。分手很平常，不过是见了新人笑，便不管旧人哭。

那个第一次恋爱，又第一次被抛弃的她，经历着漫长的黑暗和痛苦时光。世人看上去平常稀松的日子后面，有她藏起来的无尽泪水和悲伤。

开导、安慰她的人并不少，纵使他们说得再多，她依旧深陷在痛苦和悲伤中。后来有人告诉她，忘记一个人最好的办法，就是时间和新欢。你若觉得时间再久也无法忘记，就试着找个新欢。

她也知道一个人陷在痛苦里难以见晴天，于是信了这样的劝慰。

在亲朋好友的介绍里，陆续见了不少男子。说不上有多差，但至少每次她都觉得不如前任男友好。先是外表没他帅，再是风度没他足，抑或是衣着没他有品位。如此琐碎点滴，使得她难以找到合意的新欢。

再有朋友劝告，试着交往一下再说，不要见一面就否定对方的全部。

于是挑了一个看上去还算顺眼的人试着见面，她也慢慢有了笑容。送来的花，打包来的小吃，隔着半个城市煲来的汤。如此种种体贴用心，终究还是让她觉得妥帖舒心了些。由此觉得能接受了，便在心里确认了这份新感情。

与新欢相处渐久，便又开始挑对方的缺点。这一次，没有了上次恋爱时的那般宽容，因为有了对比。新欢的每一个缺点，她都拿来对比前任男友是否也会如此。对比渐多，发现新欢有的缺点似乎前任都没有。这样一来，失望便越积越多。不但没有因为新欢而忘记前任，反倒想起的次数越来越多，且越来越觉得不满和焦躁。开始无理取闹，吹毛求疵和各种看不惯。新欢因为爱她，不明就里，也就处处让着她。为此，一场恋爱越谈越累。

看她的爱情又陷入困境，朋友再次说，你弄反了爱情里的秩序。旧情是拿来遗忘的，不是拿来对比新欢的。如果你一定要对比，请你想想旧情的坏，找找新欢的好……

言简意明，她缺的，也只是有人点醒罢了。回头试着挑那新欢的好，挑出来一想，原来旧情是没有这些好的。挑得多了，心头便愈加明朗起来。那份爱，也自然阳光了许多。

这就像有个故事说吃某种水果一样，一盘里，先挑大的好的吃，那么每一颗，都是大的好的。若先挑小的坏的吃，那么一直吃的都是相对坏的小的。爱情里也一样，若与旧情再无回头之缘，那么，一定要先找找新欢的好，不要总是先挑坏的一面看从而觉得新人怎么都不及那旧人。

分手无恨

天南地北的两个人，遇见了，相爱了，在一起了。

爱情里的种种温情感动，他们拥有过。爱情里的种种现实磨难艰辛，他们也经历过。时间在他对她的百般呵护和深爱里，流逝了多年。岁月在她对他体贴入微的照顾和支持里，远去了多年。

然后爱情因为现实生活的不如意开始有了裂痕。说不清谁的错更多一些更早一些，总之渐渐有了许多对彼此的不满和怨愤。她思念父母的心一日一日备受煎熬，开始试图变心和想离开。他在怀疑她不够爱自己的情况下，靠近了失散多年正好凑上来的旧爱。

她带着恨意一怒之下离开了，好像那想离开的想法一下子有了充足的借口和理由。

她走后半个月，他就明白自己并不爱旧爱，只是不满于她总有一副要离自己而去的不安定姿态。于是他在短信里，求她原谅，要她回来。她却固执地说，若要重来，你就自己来找我……

其实她知道，他没有能力来找她。他来过她的家乡，她们努力过，却连生存都成问题。她心里早已想清楚，彼此虽然相爱，但现实距离和性格观念都存在极大不和谐。年纪渐长，明白生活中只有爱是不够的，分开也许对两个人都好。

她想，也许他可以找到一个比她更会持家更会过日子的女人。

于是，她的离开持续了一年。她在等他提分手，在等他找到新的爱情，等他过得稍微好一点儿。就像张小娴说的那样，要在一个男人风光的时候离开他，那样他就不会那么痛苦，不会那么落寞……

因为爱过，所以她要给这段爱情的冷却一个缓冲期，给他一个适应和改变的过程。

一年后，他终于提出分手。因为有了新的女孩追求他，那女孩家境殷实，会赚钱，会持家，重要的是义无反顾地爱他。她在电话那头笑着祝福他，脸上有泪，心里却再没有恨。

她在网上看了那女孩的照片，一张微笑恬静的脸，素净质朴，有善良和温和的眼神。她放下心来，因为她希望他过得好，希望他失去自己后不那么难过。

有朋友说她，你怎么能把自己爱的人交给别人？你难道不应该恨他变了心？也有朋友说，唉，男人终究是不可靠的，爱得再深也还是会变心！

她自省说，是我自己离开的，是我给他机会和时间变心的。他只是需要变心，所以不怪他。

尽管脸上笑得如此轻松，分手仍然是疼痛的。但她的泪水和疼痛，都留给了自己。在他面前，她成了最能信任的朋友。她给他最好的笑容，希望他幸福。因为她觉得，现实真要放不过两个人的错误结合，不如好好散了。

其实跟爱过的人分手后，要更爱，不要恨。因为心里没有恨，只有爱时，才能坦然接受对方新的选择。也因为爱，所以理解。因为爱，所以慈悲。因为爱，所以只求对方幸福。

好好地道别

小 A 与恋人分手，见到闺蜜时，哭得稀里哗啦。闺蜜诧异地问，不是你自己提出分手，嫌人家不好吗？

小A说，正是因为我提出的分手，觉得心里有愧，所以请他吃顿饭道个别。结果，他却掀了桌子，骂了我一顿然后才离开。

闺蜜说，敢情你这是自讨苦吃了……

其实，小A只是想好好道别。一段情落幕，希望做不成恋人还能做朋友。但是，这种想法一般是放下了那一方的人才有的。因为内心波澜不惊，云淡风轻，才会放下姿态想跟对方和气道别。可是，对方正在恼火气头上，正在因为被你抛弃而失落伤神，哪有什么心思跟你好好道别。所以，不是每场分手都能好好道别的。

再说小H，跟男友是异地恋。两人感情上并没出多大问题，最大的问题是两人相隔的距离。后来，两人各怀心事，想要放下这段感情。没有好的方式，便各自刻意出轨。这种办法有些荒唐另类，换来的结果也不是像彼此想的那样，能各自出轨后就放下对方分手。反倒是看着对方快变成别人的人时，受了刺激，又想着回到彼此身边来。

男友一直锲而不舍地联系小H，要她回来，要重新开始，一再表示失去了才知道有多重要。小H虽然听得心里发酸，却咬牙不肯再回头，因为好不容易下定决心离开并回到自己父母身边，深知分开对彼此都好。

于是男友那边一直耿耿于怀，最终要求小H再去见最后一面。于是，小H千里迢迢地去了。见面后两人出奇的平静，两人重温了以前恋爱时走过的路，看过的风景，吃过的小吃，还一起看了最后一场电影……

说不上还有多爱，也说不上完全不爱。只是彼此都愿意放下重新开始新的生活，所以才有那般从容而美好的告别。那个好好的告别，让他们再次分开后，没有了遗憾。

原来，只有心里无恨无爱、平静如水的恋人，才会选择好好道别。原来，一个人决定离开的恋情，无法好好告别。两个人都决定离开的恋情，才会选择好好告别。

难以预想的爱情

第一次爱上一个人时，她才 17 岁，上高中。见面了是不敢说话的，她只好偷偷地把要说给他的话写在日记里。有关他的事，哪怕只是芝麻大点儿的事，都要记下来。彼此间有一丁点儿交集，比如一个眼神，比如走廊里不小心的碰撞，都会让她激动紧张很久，在日记本里反复回味很久。

在那之前，她从没想过会有个人让她如此牵肠挂肚，仿佛生命中所有的事都因为他而褪去了颜色。她的暗恋持续了一年多，高中毕业时，彼此交了心，坦白了心迹。

报考了同一所学校，如愿又成了大学同学。恋爱也正式开始了，一个牵手，一个眼神，一个微笑，一个吻，全都像夜空里绽放的绚烂烟花，美好得让人不知所措。除了学习，她倾尽所有心思去爱他。她觉得，对他的爱已胜过爱自己的生命。她记录他们的对话和短信，记录他们拉手和接吻的情形，记录他对她说我爱你的场景、时间和次数。她以为，这一生就这一次爱情就足够了。他们爱得那么深，深到彼此眼中都看不见其他身影。

大学毕业后，他选择了工作，不能再陪在她身边。她原本也想跟着他去，可是父母已经为她安排好了一切，她犹豫不决时，才发现他去工作的城市，是因为有个富二代女同学在追求他，并通过家人的关系给他安排了一份工作。

她的心，一点点凉下来。爱情没结束前，她想象不到那么美好的爱恋也会消失，想象不到他那么容易就改变。曾经的以为，全都成了泡沫。她心灰意冷地回到了自己的家乡，开始过平淡的朝九晚五的机械生活。

长长的疼痛里，她反复想，如何能忘记得了？那一份刻骨铭心的爱恋，大概要以疼痛伴自己一生了。但时针不停地转动，终究还是转淡了一些往事，转淡了他的身影和那份爱。再想起时，痛得不明显了。

后来，单位有同事追求她。那是个看一眼就让人觉得心动的男子，他礼貌谦和，也幽默风趣。重要的是，他说自己暗恋了她很久，他是曾经住在她们家附近的邻居，后来随父亲离开多年。他说感谢时间带她回来，感谢命运让他可以正式开始爱她。

她接受了这份新的爱情，而且她很快发现自己也是真的爱上了这个人。可是在这份爱开始前，她以为再也不会那么深地爱另一个人了，也以为再也找不到曾经那样深的爱情了。但是，如今她的爱，一样轰轰烈烈，美好深刻。

她终于明白，爱情这样的东西，是难以预想的。在一份爱情结束前，不要想象这是份永不消逝的爱。在失恋之前，也不要想象失去后的痛苦。在失恋之后，不要想象再也无法爱上别人或再也找不到曾经那样的爱情。

爱情，永远是一种难以预想的东西，用不着我们费心规划和预见。

坚固的爱情模式

他们是同事，天南地北地聚在同一个工作岗位上。最初对彼此的印象就不错，男人沉稳善良，女人聪慧婉约。

他们一起讨论公事，一起出差，一起面对工作的种种艰辛困难，一起熬夜加班，一起去过最艰苦的工作前线，像并肩作战的战友，一起患难，一起分享成功的喜悦。

工作之余，他们还有共同的兴趣爱好。比如都喜欢休息日约三五好友去爬山或徒步，比如静下心来时，都喜欢写点儿文章。他们是彼此特别关心的好友，是良师益友，也是配合默契的工作伙伴。

这样的两个人，心灵碰撞的概率自然很大。但是使君有妇，只是他的工作不在家乡而长年分居两地，彼此心知肚明，只好将那些欣赏和喜欢都藏在一言一行后面。渐渐地有些火花藏不住了，终究突破了防线，终究都忍不住说出了那个爱字。

从最好的伙伴变成不伦的恋人，都小心地不去想今后，不去想他的家庭。都认为人生苦短，难得遇上知心知己的灵魂伴侣，哪怕是错的，也要错一回才值得。

但这样的豁达和宽容，这样的义无反顾只是在爱情甜到腻的最初。时光走远，看不到希望的那一方终究有了怨。虽然没有说出来，字里行间却表现出了绝望和无助。

他看在眼里，疼在心头。又一次将她搂在怀里时，他说，她善良贤惠，我多年在外不能照顾老人孩子，是她担起这一切，也是她像守活寡一样苦等我一年回去那么寥寥几次。虽然我不爱她，但却像亲人一般，无法轻易割舍……

他还在继续说什么，她已经听不清楚了。泪流满面，忍住哽咽说，我没有逼你跟她离婚，这样的她，你若真离婚抛弃掉，我也不忍心。

他说，我就知道你会理解我，你知道我爱的人是你，这辈子都永远只是你……

她强忍住泪从他怀里挣脱出来，笑着说了再见。

而那次再见，是她对他说的最后一次再见。她就那样走了，离开了公司，换了手机号码，去了新的城市，后来也有了新的爱情。

他在网上多次留言找她，给她发了许多邮件。说这一生只爱她，不能失去她。她看得泪如雨下，却狠心地将这些邮件一一删除。

从他说出对妻子的感情像亲人一样无法割舍时，她就已经死心了。因为她觉得，再不一般的爱情，最终都要走向平淡。有些平淡是淡得形同陌路，或是淡成了仇，淡成无法再过下去。而另一种平淡，是淡成了亲情。能淡成亲情的，其实已经是一种深切的爱了。

爱情还可以在特殊时刻舍弃，因为可以再重新遇见爱情。而亲情，却是一辈子都不能割舍和抛弃的。而他虽然将对自己的爱说得那么深切，却终究不能因为她离婚。那种亲情般的不舍和责任，也是爱情，而且是爱情里很坚固的一种模式。

分手后，别回头

她们相恋多年，因诸多原因无法圆满继续到婚姻。曾有人说：女人恋爱的最终目的是婚姻，而男人并不一定有相同的向往。

所以纵使相恋时有太多美好的时光和记忆，仍然还是走到了说分手的地步。她回到自己的家乡，删除了他的一切联系方式。

他没有做这些，因为做这些的人，是因为害怕忘不掉对方。你曾爱过或还爱着的那个人，他的一丁点儿消息都会瓦解那分手的形式，让你忍不住再次向他奔去。

她越是怕，就越是徒劳。距离拉不开不舍和心痛，也切不断记忆里的爱恋和缠绵。某个夜里她梦见他在流泪，醒来匆忙拨通他的电话，急促地问他好不好？是不是发生了什么事？

那一刻她发现，删掉手机号码是没用的。那个号码她已烂熟于心、刻在了脑子里，用不着任何形式上的保存。而与他的相恋，是她的第一次恋爱，又怎能说忘怀就忘怀呢？于是，她又开始关注他的动态。

三个月后，她在他的微博里嗅到其他女人的味道。那些暧昧不清的评论回复，那些大大小小的玩笑，无不喻示着他已向另一条路上去了。原来一直回头张望的，只有她一个人。她等的挽留没有出现，等他说不舍和娶她也没有出现。她以为那些有过的花前月下，会让他觉得她离开后才显得珍贵。

但那场恋爱是她的第一次，却是他的第N次。她难以放下，他却对分手有了免疫力。

当一个男人总以各种借口迟迟不愿给予婚姻时，不用苦苦奢望和威逼。如果不是跟生命攸关，任何不以结婚为目的的恋爱的确都像是耍流氓。

那么与这样的人分手后，千万不要再回头去关注他。因为每回头一次，你就会多疼一次、多失落一次。不如换条路向前走，阳光下，总会有个更爱你的男子在等你。

失恋后，冷一冷

A爱着一个在异地的男人，因为一些现实问题，男人无法离开那个城市。两人相恋的这些年里，大多时间是A背井离乡去男人身边生活。时间一长，恋爱免不了要升级到婚姻问题上，可男人的家人反对异地恋，加上男人对于A的态度也不愠不火。不拒绝，也不说关于一生的承诺，抑或是做点儿什么表示自己的勇气和立场。

A在这样的拉锯战里渐渐失去了坚持的力气，当男人再一次表示最爱的是她时，她听懂了男人话里隐藏的意思。她决定跟他分手，她删了男人的联络方式。第一天，没有跟他说话的日子很艰难，挨到晚上时，她一个人去了包厢唱歌。一个人唱到午夜，才疲惫地回家睡下。第二天，也忍住了不去看那个人的消息。但心里是堵着的。

无论她做什么，心里那巨大的想念和不舍还是像根转动的螺丝钉一样，一圈一圈拉扯出疼痛。那疼带着凉意，带着对男人的失望，带着对那份情的留恋和无助。

B 相恋十多年的男人突遇旧情。男人像变了个人，不顾一切地回到旧爱身边去了。这样的事实让 B 有些措手不及，从那些细枝末节里，她看到了这个男人带给自己的陌生感。

她的心头有一阵一阵的寒意，那样的寒意不是凉，而是冷。彻骨的冷，让人绝望的冷。那是对一份看似美好的永恒突然转变后而产生的巨大的不信任感。也就是这样的不信任，很快毁去了 B 对永恒的期待。她开始看安妮宝贝的书，那些细碎的带些暗涌的文字，一点点浸入她的心底，居然让她有了镇定感。那些被许多人认为是晦涩和害人不浅的文字，在她的心境里，却有了另一种理解。

那些文字里的女人，需要的是爱情里的安全感。可一旦发现这种安全感不是任何一个男人能带来的，便能抽身出来，勇敢地自己去生活。她们只需经济独立、灵魂独立、思想独立，就可以冷静地面对生活里的寂寞，而不再依附某个男人去生活。在这样的理解里，B 很快走出了那些伤痛。她像换了一个人一样，将这份爱冷却了。因为冷了，心就变得坚硬起来，也就不会像 A 那样因为心太过柔软而流泪和疼痛了。

A 和 B 失恋后的表现，前者是透着薄凉的。有了凉意，但爱还在，因为还想爱，所以更伤心无助。后者是失望后的冷，是冷静，是镇定，是冷却，大于凉，比凉更厚重。那样，才会更快从失恋的伤痛里跳出来、再正确地接受爱情的无常。

我根本不恨你

他与她相识，算是一见钟情。为什么要说算是呢，因为他长相虽然还过得去，但不是她喜欢的那种类型。她是心高气傲的女子，外表也不差，她是他喜欢的类型。一见钟情其实就是一种对外表的肯定和接受。再说直白点儿，一见钟情就是见色起意罢了。

所以，他们顺利过了对美色鉴定的这一关，接下来的意和情，就得看现实条件是否相当、相处是否和谐、性情是否相投等来决定了。其实所谓的日久生情，也就是权衡利弊的过程。有句话说得好：长相决定在不在一起，内涵和性格决定在一起多久。这个内涵，其实也是包括现实条件的，你有多少内涵，就有多大本事。至于性格，常常有许多性格不合的人因相处不好而分手。

他和她因为长相在一起之后，开始因为内涵和性格的事频频出问题。比如男的其实很大男子主义，女人却又太过思想独立。男人其实事业是个空壳，泛泛之谈，志向远大却无实际行动；女的外表看着柔弱，其实却十分刚强冷漠。

总之，因为种种矛盾。两人关系很快冷淡下来，男人先提出了分手。说我们实在不适合，你一定会找到比我更好的。

女人沉默片刻，然后才点头。而男人因为女人的沉默，误以为她舍不得。于是揽过她的肩说，对不起，我不是故意的，我也是为我们的长远着想。等以后相处不好，又爱得更深时才说分手，更痛苦不是？对你更是一种伤害不是？

女人轻轻推开男人，说了再见便冷冷离开。

男人叹了口气，点上一支烟，以为自己再次伤害了一个女人的心。于是邀了三五酒友每天聚会玩乐，一边借口失恋而借酒消愁，一边重新扩大交际面认识新的女人。并且大言不惭地说，忘记一个人最好的办法就是找个新欢开始一段新感情。

当然，男人最爱做的，是跟朋友叹息或是做忏悔状说自己对不起她，这么快就放弃她，离开她，她一定很恨我。

某天他再这样说时，其中一个朋友说，得了吧你，人家早就另有所爱了。那男人是某某公司的老板，比你不知强了多少倍。重点是，那种类型的男人才是她喜欢的。

男人黯然，不死心地跑到僻静处给她打电话。电话里，男人说，你不会是因为恨我才这么着急找新男友吧？他是真的对你好吗？他是真的成功吗？他不是骗你玩玩而已吧？你说，你是不是因为恨我才这样做的？

女人沉默了半天说，我根本没有恨过你，因为我早就把你忘记了。

男人哑然。她不恨他，说明她其实也根本不爱他。她不恨他，说明她是真的把他忘记了。因为一个人若恨你，就无法忘记你。因为爱与恨，都需要惦记。

但她根本没有惦记他，那么她的确不恨他。当然，她也自然是不爱他的。

别把誓言当手铐

他向她提出分手，她哭成泪人儿。

事后，她逢人便诉说他曾经许给她的承诺：说过要给她幸福，说过要陪她走到最后，说过不会伤害她，说过有多爱她多爱她……

可是如今，他忘记了所有誓言，他留下她一个人在路上，他用离开伤害她，他不再爱她。

她诉说得精疲力竭，终于安静下来。朋友安慰她说，誓言只是应景的台词，只是在场景需要时配上以显得爱情美好，所以不用太怪罪他说过那些誓言。

况且，他的誓言也是说得十分有技术的。比如，他说过要给她幸福，并没有失言，因为在一起时，他是给了她幸福的。只是现在，他不肯给了而已。他说过要陪她走到最后，那个最后不一定代表终老，也可以代表走到爱的尽头。他说过不伤害她，也可以解释为不爱她了就提出分手是一种诚实。至于说爱她，可以理解为叫一个人亲爱的一样普通平常。

如此想来，有些爱情里的誓言，也不过是轻描淡写的美好字词而已。不是对着国旗宣誓要以身报国，不是对着神明起誓那信仰永不变。誓言也不是手铐，它铐不住那个你爱着的人。

你能做的，唯有在他不爱你要离开时，忘记他曾说过的誓言。或是在听到那些誓言时感动温暖，然后轻轻放下，不要以为他说过的话就像钉进木头的钉子一样，即便爱情的木头腐烂了，钉子也会一直坚硬存在。爱情里的誓言，是用来听的，不是用来发生使用权的。

当然，还有一些人许下的爱情誓言很确切，比如要给你大房子，要给你婚姻，要跟你白头偕老，要给你锦衣玉食，要给你一生呵护爱慕。听时，你仍然可以感动幸福，但不要在听完后时时惦记和期许，然后某天你拿出来问他，你给的房子和婚姻呢？你给的华服和呵护呢？你说过的怎么可以不算呢？

他听起来，一定会觉得无辜。也许他还在为这些誓言努力，也许他已经忘记了这些誓言。但你若念及，他一定觉得悲伤。因为你将他的誓言铐在了他手上，使他有了压力，使他感受不到你的信任。

爱情不是法律事项，也不是条约合同。他说过的誓言可以负责到底并履行，也可耍个赖说我什么时候说过？或是说过又怎么样，我现在做不到或是不想做了，你能怎么样？

所以，爱他，就用信任释放他，珍藏起他说过的海誓山盟。我们都是自由的个体，大家各自属性不同，只是碰巧在人海相遇，只是碰巧相亲相爱。至于誓言，就暂且当成是我们在爱着时取悦对方的某种表达形式吧。

如果你消失了

男人与女人相恋多年。有一天，女人打男人的电话，听筒里传来机械冰冷的声音，你所拨打的号码是空号。

女人找到男人的住处，他居然搬家了。去男人公司，发现他辞职了。打电话到男人的家乡，无人接听。找上门，家里人说不知道，就像男人真的失踪了一样。

女人发疯似的找遍所有男人认识的人。没有人告诉她男人的去向，所有人的表情都差不多。除了逃避，有的还一副幸灾乐祸的样子。

女人只能找到闺蜜，扑进她怀里痛哭流涕。她说，他是不是出了什么事？怕连累我所以逃走了？他是不是得了什么大病，怕我担心怕成为我的负担，所以要家人朋友也都瞒着我？

女人一直哭一直诉，为他找出一个又一个消失的理由。

直到闺蜜说，你醒醒吧，人家只是在躲你，不会出什么事，你不要再骗自己了！

女人听到这话，慢慢停止抽泣。其实，她是知道缘由的。她的确是在骗自己。因为在此前不久，她跟他闹过一次矛盾，他提出分手，她说，我死也不会分……

只是她没想到，他为了分手大动干戈。也没想到他为了躲自己，消失得这么彻底。

尽管这样，女人还是忍不住找他。只是因为不想相信那个突如其来的事实。只是想做点儿什么挽回点儿什么。只是，不死心。

的确，这是个和平时代。没有多少人的消失是因为出了什么大事。那样的概率极低。我们那么慌乱那么急切地找他，用那么多猜测来想象他出了什么事，只是不愿相信和承认唯一的原因，就是他不要自己了。

所以，如果有一天你消失了，我不会找你。

如果你的电话打不通，我不会猜测你出了什么事。

因为你不会被人绑架；你不会被抓赴战场；你不会迷路；你不会被无故囚禁，你也不会被黑社会追杀。你若真的有什么事，我可以在新闻里看到听到。你若真的有什么事，你的亲人朋友也不可能一起消失和沉默。

所以，你消失的唯一的原因，是你不爱我了。所以，我不会找你。因为，你只是消失在我的世界，你只是想消失在我的世界。我越找你，你便藏得越深。所以，我不会找你。因为我越找你，你越会有负担，越会觉得累。

那么，你若要消失，我希望最后对你说的是，你要保重，无论在哪里，做什么，都要比跟我在一起幸福。

忘掉昨天的太阳

他曾有过一段刻骨铭心的恋情，那恋人在他心里，海枯石烂也不会消失不见。尽管是她狠心离他而去，却曾经在相爱相处的日子里，给他留下过诸多美好回忆。他回想起来，便觉得她像一轮永不坠落的太阳，在自己心里日日照耀。

纠缠在对那段恋情的回忆里无法抽离，所以尽管她早已嫁与他人，他却无法顺利重新开始新的感情。有时被追求自己的女孩打动时，他也试着接受。但总是觉得哪里不对劲，常常有种游离状态。当那些爱他的女孩察觉出他的心终究是不在自己身上时，也只好一个个黯然离开。

他有时也会觉得悲伤。但他想，没办法，谁让自己旧爱那么深刻。或许，这一生都无法再爱上别人了吧。

于是尽管面对诸多来自亲朋好友催促恋爱成婚的压力，他仍然孤身一人过了很多年。他的脸，看上去总像阴天雨天一样忧伤。那一段跟旧爱的恋情，仿佛耗尽了他一生爱的力气。

有时也会偶尔遇到令他动心的女子，但几次相处，他都会去拿旧爱与她们对比。结果，总是失望。因为他的天平，原本就是不平衡的。而他若要找到一个跟旧爱一模一样的，那也是绝对不可能发生的事情。

因此，他唯有继续生活在对旧爱的想念里，生活在苦苦折磨虐待自己的潮湿地带里。

直到有一天，他向一个跟旧爱性情有些相似的女子敞开心扉，聊起了自己的旧人。然后他说，我发现你跟她有些像，一样阳光，一样温暖，一样美好，一样可以晒干人们潮湿的内心。

女子说，你不要拿旧人来跟任何新人对比。旧爱再好再温暖，但就像是昨天的太阳，再怎么晴朗明媚，再怎么炙热美好，却不能晒干你今天的衣裳……

他呆了半晌，觉得的确如此。

总是纠缠在过去的回忆里不肯醒来，就会让你一直背负今天的潮湿。若你在今天有太阳的时候，拿出你潮湿的衣裳来晒，会发现，新的太阳，也一样温暖明媚。就像某作家说的一句话：旧爱不除，新欢不欢。

请正确使用不甘心

女人有了男朋友，交往几个月后，发现对方向她隐瞒了许多事。比如他有过婚史，并且现在跟已离婚的前妻还在继续来往。

女人虽然不是那种喜欢计较一个人过去的人，不是拿别人的过去来衡量全部现在的人，但是她觉得男人关于婚史和前妻的这个隐瞒，是有意识、有阴谋的。想必藕断丝连，必然有原因；念念不忘，也是必有余情。

所以，女人一气之下将男人沦为备胎，接受了另一个追求者的殷切关爱。男人遭到冷遇，便找女人问清了缘由。却也不见他难过或愤怒，而是平淡地对女人说，也好，我们先各自冷静一段时间，看看是不是真的适合对方……

此后不久，女人就发现男人有了新女友，自己似乎又沦为了对方的备胎。且那新女友不但比自己长相好家世好，而且有气质有品位有事业。女人突然就很不甘心，为了证实自己的魅力，她频频主动联系男人，想把男人再抢回自己身边，以此证实自己更有吸引力。

结果，时间浪费不少，精力浪费不少，甚至钱财浪费不少，自尊心自然也浪费不少。当然也没能挽回男人的心，人家不解释，不拒绝，也不回头。

女人因此弄得心神不宁，每天长吁短叹。工作无心，生活无心，整个人变得颓废萎靡了不少。

闺蜜说，不要用爱的旗帜挡住你的真实意图，你执迷不悟的原因，是不甘心、不舍得。你要是把这不甘心用到好好生活和工作上，让他看到你比他过得好就对了！

女人恍然大悟，原来自己以为的痴情行为，其实是白痴行为。

的确，很多人在分手后，都还单方面的不放手不罢休，想尽办法引起对方注意，或是直接狂轰滥炸纠缠对方。以为深情款款可以打动对方让其回心转意，结果那行为只能让对方更鄙夷、更看轻你。就连你曾经的形象，也在对方心里一落千丈。

所以，在说过分手后，或是遭遇抛弃、放弃、背叛之类的事情后，不要不甘心地冲上去奋力抢对方回来。不如把不甘心用到努力加强自身成长和进步上。比如更加用心地生活、看本儿好书，看部好电影、做个健身美容、找点儿兴趣爱好等。当你慢慢变得从容淡定，变得比跟他在一起更光彩照人时，你就会清楚自己对那个人，到底是不甘心，还是不舍。

只好无所谓

她结束一段多年的感情，离开跟那个人一起生活的地方，那是他的家乡。她回到自己的家乡，守在父母、亲人身边，有尘埃落定般的淡然。

朋友问她，你们那段来之不易的爱情，经历那么多，你们那么好，你怎么放得下？要是我，肯定舍不得。

她说，过去了，就不提了。他过得好就行了。你看我，不是也好好的。

朋友说，你啊，的确好好的。总是啥都无所谓的样子，没心没肺吗？

她笑笑，站起来把脸和表情拿到朋友看不到的地方。关于那段情感，若是没有发生一些事，没有意外，也是会坚持下去不舍得离开的吧。总是有什么原因或契机，总是有什么东西被打碎了再也补不起来拾不起来，才只好离开的吧。谁愿意莫名其妙就离开呢，一辈子遇上一个对自己好的自己又喜欢的人，是不可多得的。

但是，既然彼此放了手，那就不要再提了，那就只能无所谓了。把过去放下，不再看、不再想、不再念、不再耿耿于怀和沉湎，这样，就的确像是很无所谓的样子吧。

后来，独自生活的她，也会遇上一些像是可以边走边聊的知音。初时总会美好婉约、清新悠扬，相谈甚欢或是充满憧憬。但是常在未曾见面、就因某件事或某个现实话题抑或某种错觉而停止联系，失之交臂。

那些人，像烟花一样在她生命里出现。“嗖”的一声蹿到高空，绽放美好瞬间，然后四散熄灭。

闺蜜问，那个经常跟你在网上互动的人呢？那个看上去跟你合适的！那个看上去不错的！那一个你要跟他继续交流认识才好，不要错失。

她淡然说，那个人已经不说话不见了。

闺蜜说，你有人家电话吗？她点头。

闺蜜说，那你打一个啊！或是发个信息、发个邮件、QQ 留个言都行啊！你为什么不找别人？你为什么不主动？你为什么不表白？你为什么不坚持？你为什么总是一副无所谓的样子啊！

闺蜜一副恨铁不成钢的样子。

闺蜜离开后，她沉默半晌，有两行泪落下来。她知道关于自己那些无所谓，只是在自我保护。只是怕太投入却终究发现是错觉幻觉，怕因为有了希望却就有失望，怕自作多情，怕再次受伤。

但真相是，与一个人相恋那么多年，怎么会在离别时没有疼痛，怎么会没有泪水和悲伤。只是对方也不想再坚持，自己就不要太难过。

若遇到动心之人，又怎么能真的无动于衷，怎么能没有遗憾和忧虑。但是，既然对方情绪不高或出没不定、捉摸不透，欲说还休、进进退退，自己又何苦非要把烟花定格在空中。远远观望瞬间美好，然后独自离开。

所有他人眼里的无所谓，不是她真的无所谓，只是不得不无所谓，于是只好无所谓。

爱情后遗症

他们相恋多年，后来他爱上别人。她是内心坚韧的女子，带着倔强的坚强一声不吭地放手离去。

他向她求得一段时间来抉择，她不肯给他这个时间。因为她说，你若足够爱我，就不会再爱上第二个。犹豫间，已经说明爱得不够是事实。

所以，她很快删掉生活里所有跟他相关的记忆，独自在没有他的城市生活。

毕竟恋过那么久，有过那么多美好画面。记忆不时地爬上心头像蚂蚁一样，啃一口，再一口，有细细的焦灼的疼痛。

这样艰难的日子持续了不久，她便让自己走了出来。重新站到阳光下，让另一份爱情照耀自己。

有了新男友后，心里再不经意想到旧人时，已经不那么痛了。倒是因为如今的男友处处周到体贴，满意和欣慰之余，便感激那个主动离开自己的人。否则，怎么会遇见一段更美好的恋情呢？

以为就这样忘记了，就像从未发生过一样。

可是，他其实就像附在她身上的影子一样，有光闪过时，都会露出痕迹。那光，便是他的表情和一举一动。他曾有过的表情和动作，竟然有好些遗留在她身上。

他笑时唇角大弧度上扬的样子；他收到她送的礼物和做好点心时，身体迅速后扬的惊喜举动；他笑话她笨时，抱着双臂半闭眼的神色；他赖床时慵懒的样子；他回家时跑到厨房门边扒着门框伸长头对她眨眼时的样子……

那些细微的、不经意的、他经常用到的表情和举动，在她这里，无意识地遗留了下来。有时候，她毫无知觉，有时候她猛地惊觉，这个习惯性动作是他爱做的。

在那样的瞬间，她心里有隐隐的黯然。原本以为不再跟一个人在一起、不再想他、不再爱他后，就可以删去或藏起所有记忆和往事。可是因为天长地久，那个人的习惯，那个人的表情和动作，那个人爱说的口头禅，都会有意无意地留在你身上。

原来，爱久后，我就变成了你，你就变成了我。如果我们永远永远不分开，那么我们就是 1 加 1 变成另一个更完整的 1。可是我们分开了，后来，我们各自带着对方遗留下来的一些东西生活在别处。

我们以为跟对方可以再无交集和关联，却不想，我们身上留下了许多关于爱情的后遗症。那一刻，你会不会跟我一样叹息着想：我们早就把对方磨合进彼此的生命，为什么还要分开？

可是，你再也不会回答我了。你也许也带着这样的疑问和跟我相关的后遗症，重新跟另一个人再磨合，最终变成另一种更加混合的样子。

某天，我在街头遇见你，我对你笑时，你会发现，我笑时的表情跟从前有些不一样了。那样的时候，你明不明白，我是终于真正把你从自己的生命里赶走了。因为，我的表情里从此有了另一个人的影子。

失恋会有多可怕

A 女与男友相恋五年，一朝男人情变，提出分手。已在幻想如何举办一个完美婚宴的她，正跟闺蜜好友研究场地、创意和着装。于是面对男友提出的分手，如五雷轰顶。心中似有无数枪林弹雨飞过，胸膛里除了硝烟弹火，便是一地血痕。

从未旷工早退过的她，视工作如军营一样守纪的她，此时直接奔出门去，要找到那人当面问个清楚。事实是一方既然提了分手，又有什么需要问清楚呢，反倒是问得越清越伤人。

男人坦白爱上了别人。A 女不顾自己的淑女形象，扑上去对那人又撕又打，哭得任由眼泪染花了妆。末了出来找个路边摊便开始喝酒，接着打电话给喜欢她的男人。待男人来接，又呼天抢地寻死觅活，平时在别人面前的清高傲慢形象全无踪影。

尽管如此，却是不想这么快被大家知道，堕落形象只好展现给这个不在乎的人。而这形象，跟从前的她完全背道而驰。从前端庄、淡定、生活乐观的她，变得酗酒、抽烟、熬夜、罢工，完全是从前不曾有过的样子。

除了自杀，A 女将所有能虐待自己折磨自己的事，几乎都做遍了才勉强停下来。然后第一件事是打给前男友，要他先不要让她的亲友们知道分手的原因。而后自己才公布失恋的消息，理由前男友不能满足她的要求和幻想所以决定换人。如此一看，并非她有多爱那个人，只是怕在亲朋好友面前颜面全无而已。

那个知道内情的看客，倒是看清了A女的真相。犹自感叹失恋真可怕，能让一个平时看上去温婉的人变得面目全非，内心也一览无余。原本在他心里的女神形象，就此毁灭了。

再看其他失恋症状，各有不同，男人面对背叛伤害时，多觉得尊严受损。有特别暴戾的，便会拼个你死我活，以情杀终结失恋以解恨。此类失恋不是失恋，是失心疯。另有一些懦弱的，割腕跳楼，以自杀平心头疼痛。多半也不是爱得有多深，只是怨意够切。得不到便自行了断，求个对方一生因自己内疚和不得安心的无用结果罢了。

想起张小娴的一篇文章曾写道：我怕蟑螂老鼠等各种动物，但要是让我失恋，我宁愿跟这些可怕的动物待在一起。

看来但凡无关犯罪或生死，其他虐待或惩罚若能抵消失恋，大多也愿接受。但若有关生死荣辱，抑或法律或深度自虐的行为，就要好好斟酌思量一下，你是因为失恋伤心，还是因执念不甘了……

如此看来，失恋分失爱和失自己两大类。若失去的只是爱的那个人，或许没有那么可怕。既然你爱，他安好便可晴天。怕的是你觉得因此失去了自己，才不肯轻易认输。所以失恋会有多可怕，全然取决于你的想法。

谁更在乎谁

他们在一起的时间不短，她是高傲的女孩子。选他做男友，是挑来拣去才选好的。

但是两年后，他们就分了手。分手后，她的闺蜜朋友都好奇，问起她原因，她开始控诉他的罪行。说分手的原因，是因为他劈腿出轨。嘴里大骂他陈世美，说这样的男人就算他回头求我，我也绝对不会再要。

闺蜜惊讶，因为大家都知道，那个男生平时看上去安静沉稳，待人和气善良，待她更是妥帖小心。完全不像有会出轨的迹象，莫非真是高人，所以隐藏得比较深？

大家见她如此气愤，便又安慰说，男人到处都是，再找一个就行了，别气了。

她抹完泪说，我才不气，我明天就找一个去气气他。

她这样说了，大家以为是气话，结果第二天，她果真就带了新的男人邀朋友们一起吃饭。新男人言语轻浮，虽然看上去不缺钱财，但浮躁之气四散开来。席间把她夸得跟花儿一样，也殷勤得跟对待初恋一样。

闺蜜们觉得既然这男人对她够好，也就不去操心担心她以后是否会幸福。也以为她就此会忘记前任，好好重新生活。

可是，三天两头见她，她仍然不忘骂前任，有时甚至喝了酒跑上前任的门去找他麻烦。闺蜜们跟了去，才发现她的前任男友仍是一个人在生活。并且，他淡淡笑着，像从前一样照料醉后的她，没有任何解释。

时间一晃过去大半年，她男友换了几个，都不满意。闺蜜们怀疑她其实没有放下那个被她骂作陈世美的人，她却说，才不是，他有多在乎我你们知道。但我不在乎，好马才不吃回头草。

听上去，她的确很讨厌那个人，憎恨那个人，不在乎那个人。其实，真相只有她自己知道。

恋爱前，是她自己主动追求的那人。那人知道她的脾气，觉得彼此可能不合适。她却非要坚持，于是他被打动。在一起后，她逢人便会说他如何如何追求过自己，或是吹嘘他对自己如何如何好，如何听话。

最初他只是笑笑，觉得她天真。后来，便觉得她太虚荣。而且，他发现自己没法真正爱上这个女人。在一起别人看到他对她的好，是觉得有责任义务。

后来，终究还是累了。她也发现他其实不爱自己，但低不下头，于是外面找了新的男人刺激他。结果，他只是更不爱她罢了。

于是，他提出分手。

可是，好面子的她，四处张扬他的错。四处诋毁他，骂他。却又四处表达自己对他的不在乎。

而他对那些明白真相的朋友说，她天天诋毁我，说明她的生活不能没有我，她在乎我。而我从不回应，是证明我的生活可以没有她。

原来，爱情里的不在乎，最大回应是什么都不解释的沉默。

最多想你三分钟

她曾在最青涩的年华里，与他相互喜欢。但后来，他们之间产生了一些误会。她年少敏感，又因家世清贫而自卑矜持，所以很快负气远走他乡。他忙于应对父母安排的新工作，也没勇气去找她。

联系也是隔很久才有一次的。他说，到了基层去工作，政务繁复。她知道他父母是县城里某单位的干部，他从小做得最多的，就是言听计从。

后来，她说有了男朋友。他也在父母安排下相亲结了婚。对象与他有类似的家庭背景，有正式文凭，有正规单位。婚后两人聚少离多，各自在自己的行政岗位上忙公务。感情不咸不淡，工作压力重重。但他从小受父母影响，思想传统，观念洁净。感情上想从一而终，工作上也清廉正直。与她的那场心动，成了他一次自主且相对叛逆的往事。

就那样平淡又忙碌地重复同样的生活多年，直到她再次出现在他面前。

那个周末，他突发奇想决定出门逛逛。却不想在街头见她迎面走来，她正在打电话，身边有位男子陪着。面对这样的重逢，他有点儿不知所措，走上去打招呼？她身边那个男人是不是她男友？会不会介意？

在作了激烈的思想斗争后，最终还是没有挪开脚步，站在她面前挡住去路。她表情惊讶，但眼里的惊喜他看得很分明。她没有挂掉电话，他便直接拿出手机示意要她的号码。她将手机拿离耳边，向他报了一串数字，再接着听电话。

他没看她身边的男人，他不知道自己为何会那样做。他记下那串数字，匆匆离开。心里全是波澜。原来，他的爱情，遗留在了她那里。但是，他们之间横着现实，他并不确定当年如果能守住爱，是否就能跨越。

但他忍不住频频联系她，得知她还单身，便约她见面。分开后，在网上与她视频聊天，意犹未尽，又给她打电话。他觉得，这是他做得最叛逆的事，瞒着父母妻子。

后来某天，他喝了些酒，忍不住问她，你想过我吗？

她答，偶尔会。

他说，我经常会想你。

她笑着说，我每次规定自己最多想你三分钟。因为，想你并不觉得幸福，甚至是痛苦的。

他沉默良久，没再说话。

她了解他的为人，知道他不会牺牲现在的家庭来换得回到她身边，知道他没有勇气打破传统。他现在与她暧昧，已超出他原来行为准则范围。所以，她明白他是没放下自己。所以，她还会想他，会觉得遗憾，会觉得痛心，会理会他。

但是，她知道这样是不对的。如果不想痛苦，不想觉得负疚，就只能慢慢重新放下对方。然后做自己的事，过各自的生活。因为时过境迁，一切不复重来。越放任自己的思念和感情，就越危险。

所以，实在忍不住想你的话，就只想你三分钟吧。三分钟后，我们之间只有往事，无关未来。

想念一个名字

她跟他分手了，他是不情愿的。可是她离开他了，原本一开始她也是不够爱的，只是他追得很真实，她便在某个脆弱环节不小心接受了。

所以，她还是免不了要离他而去。

他不恨她，也不怪她，只是太想她。可是她已经不跟他联系了，并且删了他所有的联系方式。他寂寞难过时，下班便在网上转转。而从前下班的他，都是一心陪着她转转的。

这时他才发现，自己落伍了。没有微博、博客，手机微信也没上过。于是陆续来注册，想着在网上关注她一下也是好的。

注册时，填名字昵称，他毫不犹豫地打下三个字：艾错错。如是只能是字母注册，他则是打成 aicuocuo。原因是，她叫错错。

当他看到微信里好多朋友都用真实名字时，他仍然只是用了自己的姓氏，名字还是错错。于是，他在微信里叫李错错。

他用她的名字，延续对她的爱和想念。不光如此，现实里他仍然给她发信息，给她打电话。想着她也许是不了解他的真心他的好，总有一天，她会回他身边来的。

事实上，她如今忙着事业。因为从前她就嫌他没有远大的志向，守着一份普通的工作没有别的想法。其他的，她其实是挑不出他的缺点和错的。

所以，当她累得灰头土脸，却被人骗走一笔合作资金时，失控地想到了一直没走远的他。她想办法找到他的联系方式，主动联系了他……

后来，他们重新走到了一起。

你大概会说，这样的女人他为什么要守、要念、要想呢？她当他是备胎的啊，他也太没骨气了嘛。其实爱情里哪有什么输赢公平呢，他想念她，想不起别人，也不想要别人，就连取个名字都还是想着她的名字，所以，只要她愿意回他身边，自然皆大欢喜。

还有一位朋友，曾经有个男子向她求婚，表示上学时就喜欢她。可那时她已经有了男友，两人因时间由此错过。后来，他娶了别的女子，但对她念念不忘。而且那个她，有个好听的名字。

他经常想起那个名字，并给自己新生的女儿取了和她同样的名字。他在此后的岁月里，叫着女儿的名字，怀念着她。

但他们从不联络，他待妻女温柔负责，没有不到之处。只是，他保留了一段青春岁月里的爱恋，延展成一份永久的想念。因为遗憾，因为失却。但没有怨愤和索求，只是保留一个属于他的秘密，想念一个他爱过的名字。

也许，他早忘记了那个名字的主人。只是，还记得那个美丽的名字而已。

有终点的痛苦

她爱上的那个男人，早有妻室儿女，老小远在家乡等待在外闯荡的他归去。为了家人的那片天，男人婚后一直背井离乡，只能在逢年过节才回家。

面对漫长的寂寞和外面世界的种种诱惑，男人坚守了十多年。男人遇到她时，多年对妻子的坚守瞬间瓦解。也应验了那句话：不是不变心，而是诱惑不够大。

男人不再想回家，常常忘记主动给妻儿打电话，从前争取来的难得探亲假，现在也变成了心不在焉的推托。沉醉在她的温柔里，男人迟迟不肯醒来。但道德上的愧疚时时提醒着彼此，每每碰触到如何面对未来，便禁不住垂泪相拥，不知如何是好。

男人家里还有房子要供，还要赡养家里的双亲，一双儿女还未成人，妻子没有工作和收入，甚至健康状况也不是很好。男人终究是负责任的，心灵上的背叛已经让他觉得愧对家人，一时无法再继续置家小于不顾的残忍现实。

离开时，男人满眼是泪地对她说，也许我很自私，但不要忘了我。等我安顿好家人，我一定回来找你……她点头，心下寻思，怎么忘记得了。

但是随着男人离去的时间越来越长，她心里对他的想念渐渐由温暖的痛苦变成绝望的痛苦。因为她知道，他不会再回到她身边了。她的想念，只是一种没有尽头的折磨。

她选择了开始另一段感情，不巧的是，这次爱上的人，仍然是四海为家的那类工作。但他会频频抽时间回来看她，有时也会带上她。并且许诺总有一天会停下来，停在她身边，跟她共同生活在一个屋檐下。

虽然只是承诺，但还是会抱有希望。因为有希望，所有对他的想念便有了价值。失眠的夜里也许仍会孤独，堵了的下水道，坏了的灯泡没人帮她处理时，也会难过。但她觉得这样的坚持，总会有一天迎来携手不再分开的团圆。于是那痛苦，也变成了有终点的痛苦。

而想念一个属于别人的人，其实是种没有终点的痛苦，理应早日醒悟才是。

失恋无两样，心有别

女人们坐在一起喝酒，骂男人。

因为女人们失恋了。当然，不是集体失恋。只是那晚某个人失恋了，大家来陪她。聊天中，便勾起了大家对自己曾经失恋往事的回忆。

A 说，你们的失恋算什么，我当初与那人青梅竹马多少年，感情深得有这里到月亮上再回来那么远，可是那家伙居然也背叛我抛弃我。那种痛，比刀往心上插还难受。我那时可是用了一年多才恢复过来，割腕，凌晨上街头跑步，喝醉酒，抽烟，骂人，打架，各种放纵的事都干了一遍，才终于活了过来。所以，你这才谈了一年左右的失恋算什么？能有多痛苦？

B 听了不同意，说，恋爱时间不分长短，痛苦的程度跟恋爱时间无关，得看爱得有多深切和那段时光对你有何意义！

听上去很有哲理的话，似乎是那么个理。但是不管大家如何说，对于刚刚失恋的小 C 来说，痛苦不会马上减轻，也不会马上消失。

但凡失恋是因为被人抛弃，你就觉得自己很差劲，没有价值。伴随着失恋的，还有你无边无际的自我否定和挫败感。这时候，不要觉得别人的失恋跟你不一样，假定你闺蜜失恋是她甩了男友，也不一定就值得炫耀和不难过。而你被甩，也不证明你就很差。只是那个甩掉你的人，不懂欣赏你，不懂珍惜你。抑或是，你们只是不适合对方。一件东西价值连城，若对拥有它的人没有意义，捧在怀里也是没用的。

再若是被恋人背叛，也不用觉得他就是陈世美负心汉。换个角度想，若他还能爱上别人，说明他原本就不够爱你。早点儿失去一个不够爱你的人，才能让你遇到真正爱你的人。又或是，他也很为难。那么你的平静，也是一种变相的成全。要是换了你爱上另一个人，被你丢下的那个人，也选择祝福你的话，你一定对他心存感激。不为难对方，自会天下太平。

所以失恋无须对比，无论哪一种失恋方式，都无两样。都会让人流泪，让人受挫，让人委屈，让人伤心，让人觉得生无可恋，让人否定从前的所有美好和价值。

除非，你对那场恋爱根本没有投入真感情。对你来说失恋便只是吐了个烟圈，雾气一散，一切又恢复平静。但凡爱过，失恋的痛苦都存在，并不那么容易立即痊愈。

唯一能用来区别你失恋后有多痛苦的东西，是你的心。你的心怎么想，决定你的痛苦有多深和持续多久。若一定要区分失恋情形的类别以及痛苦悲惨程度，不如好好区分一下你的心之所想、所向，才能以最短的时间得到救赎，获得新生。

甜点与白开水

他在大城市里求学多年，学业完成后，刚要忙着找工作，家里父亲却突然生病，催着他必须先成家再立业。

虽然极不情愿，但因为他非常孝顺，便依了家人的安排，相亲娶了村里的姑娘。姑娘虽然没多少文化，却长得标致。婚后也恩恩爱爱甜蜜起来，一时难以分开，便带了妻子到城里一起打拼。

最初，在城里找工作处处碰壁，只好先挑了个工作维持生计。日子过得相当窘迫，他们睡地铺，吃白饭配咸菜，喝白开水配大饼。历经许多艰难困苦，好在她一直在他身边不离不弃。这让他暗自庆幸娶了她，让他的生活和精神都有了支柱。

他们在城里挣扎努力多年后，工作终于有了突破，升职后，人也开始意气风发起来。不久后，他们买了房有了车。

日子渐渐安稳，公司老板却有意调他去南方新开的分公司负责。机会大好，他跟她商量过后，还是去了。她独自在家乡的城里，照顾孩子和他的父母。而他一去，就是好几年，中途回来，也不过待几天时间就走。

钱越赚越多，日子却越过越有点儿没有原来的甜蜜。她隐隐担心，他果然是在南方有了情人，是公司的下属女青年，有能力有模样。他跟情人珠联璧合，走到哪里，都是众人眼里的一道别样风景。

他也常想起家里的她，心生内疚，但转眼一看到情人我见犹怜的样子，心里又极为疼爱不忍。于是想着不顾一切地爱一场，因为平生都未轰轰烈烈地爱过。那时的他，忆起当年相亲结婚，也不再承认自己跟妻有过恋爱的过程。这份迟来的精神与身体双重结合的爱情，让他无力抵抗。于是两人在那个没人知道的南方天空下，借一段时光疯狂。

但最终，他得回去。

情人的泪水，妻儿的等待，他选择了后者。他给情人的解释是，妻子跟自己吃过很多苦，身体状况不是很好。他怕她承受不了打击，也不能做忘恩负义抛妻弃子的事。何况，那里还有他高龄的父母。

其实，情人知道这样的事是无任何悬念和幻想的余地的，于是含泪任他去了。

多年后，他已经没有了情人的消息。某天他在 QQ 里写到自己半生过去，发现最珍惜最放不下的人，还是他的妻子。而曾经再美好的爱情，最终都会回归平淡的生活。

他不知，情人其实换了他不认识的 QQ，藏在“特别关心”他的角落里看他的动静。直到这天看到他写下的那些话，心才渐渐灰了起来。她对他多年来的念念不忘和理解，也瞬间瓦解。她一直觉得爱他就不能为难他，那么就算不在一起，默默关注或彼此记挂着对方也是爱。谁知那人，早已将旧事随风扔了过去，不见踪迹。

她删除了他的 QQ，告诉自己接下来应该有个新的生活状态和心情。

而对于爱情和婚姻，她也终于明白这两者如甜点和白开水。甜点是饭后食物，可吃可不吃，倦了腻了还可以换道甜点变个口味。而白开水，却每天都得喝。所以他们的那场爱情，不过也是彼此生活里尝过的一道美味甜品，不吃，也不会饿死。而最终，他们想要或能拥有的，是一杯必不可缺的白开水。

深藏错失的好时光

高中时，她喜欢上他。偏他生了一副好模样，虽然安然少语，仍挡不住诸多大胆女生挤上前大胆表白。她自卑怯懦，只好将所有懵懂情愫悉数跃于纸上，存为盛放自己青春的沉默日记。

后来有好事的同桌发现了她的秘密，自告奋勇要帮她把日记交给他看。同桌是她一向如影随形的好友，虽然有些顾虑和惧怕，却因信任和鼓动而默许。

忐忑如临大敌地看他在晚自习课上翻看她的日记，心揪得像要流出汁来。好在他的回答是让她欣喜的，他一样喜欢她。他写过来的信里，提到她纵使在他梦里，也是不可触碰的清高孤傲。而他每每伸出手，握住的也只有寒冷的风。

原来年少时，每个人都藏着一个自卑的理由。不敢开口先表达喜欢，从而错过那些年的真实心动。而他们，也不过只是表露了心迹。还未正式开口，流言便漫天飞舞。

她那同桌因嫉妒她的成绩，跟班里同样嫉妒她不作声就得到某些恩宠的女生们自成一派。偷来她藏在宿舍的日记，传播并嘲弄。而他的信，也被公之于众。

压力之下，他们不再敢言语来往，甚至连不小心望到彼此所在的方向，都急忙回头躲避。流言里，她的情节版本慢慢编成了暗地风流的喜剧，有预谋地传到他耳里。而她眼里，那些绕着他转悠的花与蝶，他仿佛没有再拒绝。为掩饰自己内心的慌乱，她跟另一个男生频频在众目下交流学习经验，讨论数字与字母。

就此，两人背道而驰、渐行渐远。她终究没能敌过压力，转学离开。新学校环境差强人意，而她的心，早已在那些流言和他的不坚持、不信任里碎成了千瓣。很快，她辍学离开那个地方，从不回头跟那里的同学联系，似乎每一个人，都跟他、跟那场伤害有关。

辗转离家许多年，再回来时，物是人非，时过境迁。却很快从他们共同的同学口里得知他爱的人一直是她。他找过她，但杳无音讯。后来因现实种种，他娶了妻子，却没过两年便离了婚。同学递来他的电话号码，她没有接。

她的心早已托付给另一个坚定的人，或许没有他优秀，没有他给她的疼痛爱恋深刻，但平实安定，恒久温暖。

她与他的错失，不只错失了美好的初恋，还错失了那花芽满枝头的年少好时光。那样的破碎昨天，她不想回头，只愿深藏和遗忘。

投资过的爱情

她嫁给他多年，第一次见面时，他害羞得像个孩子。她看着他俊朗的脸和那些红晕，好奇又开心地笑了。

后来，她义无反顾地跟他走了，尽管他一贫如洗，尽管他分配的工作差强人意。但她看中他的诚恳踏实，看懂他内在的才气和能力，更看好他的体贴和忠诚。她将自己如花般的青春给了他，决定就此一生一世。

婚后，他因工作原因常在外地，她在家中照顾老人，一边打工一边孕育孩子。甚至在分娩时，他都没能按时赶回她身边。多年来的风风雨雨和艰难困苦，她从未埋怨过他一句。

终于，他们也买了房，他的薪水越来越可观，孩子也渐渐长大了，但她身体不如从前了。这些年一个人守候他归期的日子，说起来只是个数字，对她来说，却是一秒一秒的煎熬。但她从没后悔过，她守着寂寞和希望，为的是有一天，他回到她身边一起携手白头。

可是最近，她发现他极少主动打电话回家。而她打给他时，他总会有意无意地问，怎么了？什么事？每一次结束，都是他先提出挂电话，要么说话费贵长话短说，要么就说自己还有事情要处理。虽然语气还是温婉，但女人的敏感还是让她察觉出他的变化。

她什么也没问，只是找出更多借口打电话给他。假装真的有"事"，比如洗手间水管漏水，比如女儿在幼儿园得了小红花，比如儿子参加了某科目竞赛，比如阳台上她种的花需要怎么打理……

诸多理由，有时是报喜，有时是像孩子一样问他这件事怎么办？那件事如何处理？她也并非一定是要一个建议或答案。但她知道，好脾气的他是不会公然在电话里发火嫌她琐碎麻烦的。

但不安还是越来越多，于是她安顿好孩子老人去了他身边。

纸里包不住火，不久她便发现他外面真的有了别的女人。那女孩年轻阳光，像朵刚刚要绽放的花。

她跟女孩见了面，她没有自卑，也没有刻意掩饰自己的苍老和手上的皴裂伤痕。她对女孩说，爱，有时是需要投资的。没有付出，收获便是虚幻的。我脸上的风霜，便是这些年投资给他的成本。我早把像你那样动人的美好时光抵押给了他，为的是换一个老来伴，换一个到白头。虽然投资有风险，但是，我明白我的投资是否值得和有效。而你，则应该去选择适合你投资的那份爱……

女孩也是冰雪聪明，听完那些话后，微微对她颔首，然后轻轻离开。

穿过爱情的隧道

她很小就迷上读课外书，书中关于爱情这件美好的事便早早印在了心头。曾因梁祝化蝶的凄美流过泪，也因宝黛的悲剧爱情伤过心，也因为《傲慢与偏见》中的男女主角最终重逢携手而感动心醉……

但在那个时代里，她周围看书的同学朋友里，传递最红火的还是琼瑶的爱情小说。

沉迷于那些爱情故事里，她对爱情有着许多憧憬和渴望。关于“执子之手，与子偕老”，关于“愿得一心人，白首不相离”，都是她心里最向往的爱情。

但现实大多跟想象背道而驰，年少懵懂的她早恋了。但爱错了人，只能很快在初恋里败下阵来，伤痕累累又无可奈何地将“一生只爱一个人，白首不离分”的爱情梦想画上了句号。

此后，她又经历了几场或长或短的爱情，却每一场都有错觉。落到实处的爱情总会有各种各样的现实原因迫使彼此分开，比如异地亲情爱情的取舍，比如理想和观念的不同，比如性格或生活习性不同……

“一生只爱一个人”的爱情梦想也只能变成“一次只爱一个人”的爱情理念。渐渐地，她也在爱情里游刃有余起来。但表面上云淡风轻的她，内心早已千疮百孔。就算是蜻蜓点水般的爱恋，分手都会有疼痛。所以她不知从哪天开始就变成了一个多愁善感、满眼忧伤的女子。人群里，她是落寞又茫然的，想来不过是求一份到白首的爱情，却不知为何屡屡失之交臂或遗憾收场。

她渐渐失去再去追寻爱情的念头，觉得内心的爱情世界慢慢变成一片黑暗，没有了信心和阳光。

直到有一天，她坐大巴去一个较远的城市。那是春天，阳光明媚，高速路两边山青树绿，头顶的蘑菇云朵洁白得像刚倒进天空的牛奶。心情似乎也好了很多，但很快车就钻进了隧道。第一段黑暗让她觉得非常压抑和慌乱，出了隧道迎来光亮和风景时，她松了口气。可很快车又再次经过隧道，这一次，她放松了些。再次看到光亮时，她觉得更舒畅了。

接下来一次一次明暗的对比，她都会在下一次看到光亮和风景时更欣喜。而每一次再进入隧道，她便觉得那昏暗也并不可怕。如果她选择接受，那么就连隧道里昏黄的灯光，也可以看成一种温暖和沉淀的风景。

也正因为有经过黑暗，才会更珍惜下一次见到光明。那一刻，她想到了自己的爱情。

那些失败的爱情，何尝不像穿过昏暗的隧道一样，开始的时候让人不知所措，后来慢慢平和心态去接受和另眼诠释。每次从昏暗里走出来，就会下意识地更珍惜再去爱的机会和人。

每个人的爱情历程，都很难一直亮丽到底。不如将那些失恋和受到爱情伤害的时光，当成是在穿过爱情的隧道。这样便可以相信自己很快会经过昏暗，最终到达光明。

“过来”就好了

她跟闺蜜在网上闲聊，她突然情绪低落地问：“你会难以忘怀你的初恋吗?”

闺蜜答：“如今只要不刻意去想，就不会难以忘怀。有时刻意去想，大抵也是想写点儿情感稿，只为想起来找点儿感觉而已。”

她说：“我总是放不下，心里明明知道不该这样，可就是做不到。”

闺蜜安慰说：“这需要时间，谁都有过放不下的岁月……”

她心头一酸，勉强忍住了泪水。是啊，她也想走过那段没有结果的情感去。可那个艰难的过程只有经历过的人才能体会，而经历过的人如今也肯定不愿去回想那艰难跋涉走过的感受。

但如果要去爱，总会遇到这样那样的伤害。不是每段爱情都有美好结局，所以才会有很多人在爱里流泪舔伤口。

她的那个他，是她的初恋，那么美好那么浪漫的一段情，最终却因发现他远在家乡早有媒妁之约而匆匆结束。面对他的欺骗和解释，她除了伤心，却没有一丝一毫的恨意。

有时她甚至想，要是恨他也好，恨他就可以去爱另一个人，转移自己的感情，放大他的缺点。哪怕怀着报复的心态去跟别的男人相处，也应该更容易将他淡忘吧。

可是初恋的女孩，心里有的是对爱情美好的幻想和憧憬。并执着地相信他一定是有苦衷，相信他其实爱的还是她。越是如此，越不想走出来。这样的一份信任和全身心的投入，要走过去还真是不容易。

好在身边有那样的闺蜜，有一个也曾在感情里受过伤，痛苦得不想活下去的闺蜜。那样的“过来人”是经历了诸多疼痛，如今已经学会淡看流云的女子。

有这样的例子在身边，让她打消了为那个男人去死，或是为那个男人自暴自弃的念头。因为看看如今活得自如又快乐的闺蜜，她就知道，痛苦只是暂时的。

而爱情里的所有伤，只要勇敢去面对、坚强去看开就好了。时间终究会把所有痛苦带走或是磨灭，然后，她会一样蜕变成一个爱情里的“过来人”，而受过的伤，只要能“过来”就好了。

那些叫作你的泪水

结束与你漫长的相恋相伴，远远离开的时间也走了很远。最初汹涌的恨或伤心，都变成了藏在心底不常打开又悄无声息的往事。当最终需要给这份情画上一个句号时，我们反而平静了。

那个结束的仪式很快，就像一起上街买一次菜，或是一起去某处放下一个东西就离开。我们表情没有异常，甚至都带着微笑。我们仍然一起吃饭，面对面谈笑风生，打点儿趣或说点儿对方的新生活新打算，抑或是新的恋人。

分开后，我们仍然联系、仍然嘘寒问暖。像你说的那样，结束的仪式不代表就此老死不相往来，也不代表就此无法联络。是的，我们仍然是彼此信任的朋友或亲人，我们只是结束了我们过去的爱情。

再一次离别，你来送我。像曾经接送我上下班一样，普通而平淡。当客车开走，你留在原地的身影越变越小时，泪水才再次掉了下来。只是，你再也看不见。只是，再也不让你看见。

就让你觉得，离开你以后，我胖了，我幸福了，我在父母身边踏实而安心了。就如你也让我觉得，你的新恋人很好，你们很好，她对你很好，没有了我的人生，一样会充满温暖和爱。

可是泪水，在离开后的日子里辗转不肯离开。

午夜梦见你时，它来。见车窗外某处景致好似我们走过的地方时，它来。看到街头某个像你的人时，它来。打开 QQ 看到你的头像时，它来。不经意翻到关于彼此的记忆时，它来。当然，不经意想起你时，它也会来。

已过了大喜大悲的年龄，也早学会了抑制自己的情感。所以当每一次泪在眼里打转时，就急忙停止那关于你的念想。思绪转向别处，看一朵花，看一株草，观一处景，想或做一件其他的事……

就这样把那些叫作你的泪水，生生咽回去。所以每一次它来，都真实又汹涌，但又很快无声无息地停顿和中止。

日子一天天过去，我们尽可能地不联系。因为不联系，便能减少想起的疼痛。我们假装已经忘了那些长长久久的过往，因为只有选择忘记，我们才能重新笑着面对此后的人生。

慢慢地，我知道那些叫作你的泪水，终有一天我会将它流完。将那个住在我泪中的你赶出去，然后换一种叫作祝福和温暖的笑，将你安置在我心里新的所在。

爱他最后40天

她是单身大龄女子，前面的小半生不知在忙些什么，总之在遇见他之前，从未把心在感情世界里打开过。

他是她的劫，从他被派往她所在的分公司那天起，她就同时拥有了爱情里的疼痛和欢愉。他已过而立，正是男人的大好时光。集英气和儒雅于一身，成熟不失感性，从容不失天真。只是这样的男人已是另一个女人婚书上的人了。

她清楚这点时，心里的城池早陷得面目全非。就在他每天进出公司的一举一动里，一言一笑里，一个背影，一个颔首，一个工作时的专注神情，都是她曾在梦里想过的王子形象。

他发现她的与众不同和对自己的不同后，也开始有意彼此躲避。但躲避大多时候更像催情剂，终有一天公司聚会后，他趁着酒兴挑开了她那道压抑已久的感情幕布。

他惊讶于她居然是第一次恋爱，眼神和行动里多了些爱不释手的宠。出差时为她选礼物，在一起时为她煲汤，走路永远拉她到内侧，她出行他必送必接，见面先拿过她手上无论轻重的行李。爱得似乎真真切切、轰轰烈烈。她把那些细节看到心底，确信这就是爱情。但是，这份爱情是否会有永恒？

他惆怅地说起妻子是跟着他吃苦过来的，为他养育儿女，照料父母，功不可没。他做不到理直气壮抛弃妻儿，他只能一次一次承诺她说，亲爱的，再给我一点儿时间……

这一点儿时间一去三年。三年里，她隐忍地站在他身后。公司里，他们是普通同事。他工作应酬时，她从不过问和打扰。他回家探亲时，她怕他不便就不主动跟他联系。他探亲的时间很多，出差时可以顺路回家，大小节日也有假回家。那样的日子里，他们有时一星期或十天半个月都不联系一次。她实在相思难耐，就去他博客里诉点儿心碎和怅然。她乖得像只他藏在纸箱里的猫，就算有委屈，也只是在角落里轻声喵一下，事后他一个软言侬语的道歉她就释怀。

她独自想象他与家人共享天伦时，也常会掉下泪来。但转念忆起他那些看不出假象的爱，觉得只是相遇太晚，不能怪他。也许他人在家里，心在她这里。这样安慰着自己，一路痛并快乐着。

直到有一天，他临行时说出差，顺便探亲。这一走，去了40天。整整40天里，他都没有联系她一下。有一天夜里暴雨，她没打到车，湿透后回到家，她几次忍不住想联系他，终究没有行动。因为她突然心灰意冷了，她想，谁的爱情里，会有连续40天不联系一下对方的情况呢？

事后他回来，依然带有她最喜欢的礼物和她喜欢的风味小吃。他解释说去了曾经上大学的城市，同学聚会了多天，家里妻子生病又照顾了多天，公司的事也忙了多天，所以……

她什么也没说，只是辞职离开了公司，离开了他。

她想，那个40天，就是她爱他的最后40天了。因为一个人就算再忙，40天里也会挤出大把时间闲着或一个人待着。他不是不方便，也不是有多忙，他只是习惯了她一直在原地等他。而他的生活，永远还是保持着他的原样，她带来的改变，不过是在他生命里的一段锦上添花罢了。